India Édes Varázslata

Egzotikus Torták és Sütemények Rejtett Ízei

Mira Patel

Célzás

Murgh Bagan-e-Bahar 17
    összetevőket 17
    Módszer 18
Vajas csirke 19
    összetevőket 19
    Módszer 20
csirke sukha 21
    összetevőket 21
    Módszer 22
Indiai sült csirke 23
    összetevőket 23
    Módszer 24
Fűszeres Scramble 25
    összetevőket 25
    Módszer 25
Csirke curry kókuszreszelékkel 26
    összetevőket 26
    Módszer 27
Egészen egyszerűen 28
    összetevőket 28
    Módszer 29
Déli csirke curry 30
    összetevőket 30

A fűszerekhez: 31

Módszer 31

Csirkepörkölt kókusztejjel 33

összetevőket 33

Módszer 34

Chandi Tikka 35

összetevőket 35

Módszer 36

Tandoori csirke 37

összetevőket 37

Módszer 38

Murgh Lajawab 39

összetevőket 39

Módszer 40

Lahori csirke 41

összetevőket 41

Módszer 42

Csirkemáj 43

összetevőket 43

Módszer 43

Balti csirkék 44

összetevőket 44

Módszer 45

Fűszeres csirke 46

összetevőket 46

Módszer 47

Hígított csirke 48

összetevőket 48

Módszer 49

Sült csirkeszárny 50

összetevőket 50

Módszer 50

Murgh Mussalam 51

összetevőket 51

Módszer 52

Chicken Delight 53

összetevőket 53

Módszer 54

Sally Chicks 55

összetevőket 55

Módszer 56

Sült csirke Tikka 57

összetevőket 57

Módszer 58

csirkevadászat 59

összetevőket 59

Módszer 59

Nadan Kozhikari 60

összetevőket 60

Módszer 61

anya gyermeke 62

összetevőket 62

Módszer 63

meti csirke 64

összetevőket 64

Módszer 65

Fűszeres csirkecomb 66

összetevőket 66

A fűszerkeverékhez: 66

Módszer 67

Dieter csirke curry 68

összetevőket 68

Módszer 69

mennyei csirkék 70

összetevőket 70

A fűszerkeverékhez: 70

Módszer 71

Rizala csirke 72

összetevőket 72

Módszer 73

Meglepetés csirke 74

összetevőket 74

Módszer 75

sajtos csirke 76

összetevőket 76

A páchoz: 76

Módszer 77

Marha Korma 78

összetevőket 78

A fűszerkeverékhez: 78

Módszer 79

Dhal Kheema 80
    összetevőket 80
    A fűszerkeverékhez: 80
    Módszer 81
sertés curry 83
    összetevőket 83
    A fűszerkeverékhez: 83
    Módszer 84
Shikampoole kebab 85
    összetevőket 85
    Módszer 86
speciális kos 88
    összetevőket 88
    A fűszerkeverékhez: 88
    Módszer 89
Zöld Masala szelet 90
    összetevőket 90
    A fűszerkeverékhez: 90
    Módszer 91
Réteges kebab 92
    összetevőket 92
    A fehér réteghez: 92
    A zöld réteghez: 92
    A narancssárga réteghez: 93
    A húsos réteghez: 93
    Módszer 93
Barrah Field 95

- összetevőket 95
- Módszer 96
- pácolt bárányhús 97
  - összetevőket 97
  - Módszer 98
- Goan bárány curry 100
  - összetevőket 100
  - A fűszerkeverékhez: 100
  - Módszer 101
- Bagara hús 102
  - összetevőket 102
  - A fűszerkeverékhez: 102
  - Módszer 103
- Máj kókusztejben 104
  - összetevőket 104
  - A fűszerkeverékhez: 104
  - Módszer 105
- Bárány masala joghurttal 106
  - összetevőket 106
  - A fűszerkeverékhez: 106
  - Módszer 107
- Korma Khada Masala-ban 108
  - összetevőket 108
  - Módszer 109
- Bárány és vese curry 110
  - összetevőket 110
  - A fűszerkeverékhez: 111

Módszer 111
Gosht Gulfam 113
  összetevőket 113
  A szószhoz: 113
  Módszer 114
Bárány Do Pyaaza 115
  összetevőket 115
  Módszer 116
Sült halpaszta 118
  összetevőket 118
  Módszer 119
halpaprikás 120
  összetevőket 120
  Módszer 121
Garnélarák és tojás curry 122
  összetevőket 122
  Módszer 123
Halvakond 124
  összetevőket 124
  Módszer 124
Garnélarák Bharta 126
  összetevőket 126
  Módszer 127
Fűszeres hal és zöldség 128
  összetevőket 128
  Módszer 129
Makréla escalope 130

összetevőket 130

Módszer 131

tandoori rák 132

összetevőket 132

Módszer 132

Töltött hal 133

összetevőket 133

Módszer 134

Garnélarák és karfiol curry 135

összetevőket 135

A fűszerkeverékhez: 135

Módszer 136

Sült kagyló 137

összetevőket 137

Módszer 138

Sült garnélarák 139

összetevőket 139

Módszer 140

Makréla paradicsomszósszal 141

összetevőket 141

Módszer 142

Konju Ullaruathu 143

összetevőket 143

Módszer 144

Curry Manga Chemeen 145

összetevőket 145

Módszer 146

Egyszerű machchi sütés 147
    összetevőket 147
    Módszer 147
Macher Kalia 148
    összetevőket 148
    Módszer 149
Tojásban sült hal 150
    összetevőket 150
    Módszer 150
Lau Chingri 151
    összetevőket 151
    Módszer 152
Paradicsom hal 153
    összetevőket 153
    Módszer 154
Chingri Machher Kalia 155
    összetevőket 155
    Módszer 155
Tikka halkebab 156
    összetevőket 156
    Módszer 156
Aprítsd fel Chingri Machhert 157
    összetevőket 157
    Módszer 158
Főtt hal 159
    összetevőket 159
    Módszer 159

Garnélarák zöldpaprikával 160

    összetevőket 160

    Módszer 160

Macher Jhole 161

    összetevőket 161

    Módszer 162

Macher ágyak 163

    összetevőket 163

    Módszer 164

Chingri Machher Shorsher Jhole 165

    összetevőket 165

    Módszer 166

Garnélarák és burgonya curry 167

    összetevőket 167

    Módszer 168

puha garnélarák 169

    összetevőket 169

    Módszer 170

Koliwada hal 171

    összetevőket 171

    Módszer 172

Hal és burgonya tekercs 173

    összetevőket 173

    Módszer 174

Masala garnélarák 175

    összetevőket 175

    Módszer 176

fokhagymás hal 177
  összetevőket 177
  Módszer 177
burgonya rizs 178
  összetevőket 178
  A húsgombócokhoz: 178
  Módszer 179
Növényi szósz 180
  összetevőket 180
  Módszer 181
Kachche Gosht ki Biryani 182
  összetevőket 182
  A páchoz: 182
  Módszer 183
Achari Gosht ki Biryani 184
  összetevőket 184
  Módszer 185
Yakhni Pulao 187
  összetevőket 187
  Módszer 188
Hyderabadi Biryani 190
  összetevőket 190
  A fűszerkeverékhez: 190
  Módszer 191
Rizs fűszerekkel és zöldségekkel 192
  összetevőket 192
  Módszer 193

Kale Moti ki Biryani 194
    összetevőket 194
    Módszer 195
Apróra vágott pulao és masoor 197
    összetevőket 197
    Módszer 198
csirke Biryani 199
    összetevőket 199
    A páchoz: 199
    Módszer 200
Garnélarák rizottó 202
    összetevőket 202
    A fűszerkeverékhez: 202
    Módszer 203
Burgonya tojás Biryani 205
    összetevőket 205
    A fájlhoz: 206
    Módszer 206
Vágja fel a Pulaót 208
    összetevőket 208
    Módszer 209
Chana Pulao 210
    összetevőket 210
    Módszer 210
Egyszerű Khichdi 212
    összetevőket 212
    Módszer 212

Masala rizs 213

    összetevőket 213

    Módszer 214

rizs hagymával 215

    összetevőket 215

    Módszer 215

főtt rizs 217

    összetevőket 217

    Módszer 217

Pulao garnélarák 218

    összetevőket 218

    Módszer 219

Murgh Bagan-e-Bahar

(grillezett csirke kosár)

4 adag

összetevőket

Só ízlés szerint

1½ teáskanál gyömbér paszta

1½ teáskanál fokhagyma paszta

1 teáskanál garam masala

8 db csirkecomb

30 g/1 uncia mentalevél, apróra vágva

2 evőkanál szárított gránátalma mag

50 g / 1¾ uncia joghurt

1 teáskanál őrölt fekete bors

1 citrom leve

Massala Chaat*teszt

Módszer

- Keverje össze a sót, a gyömbérpasztát, a fokhagymás masszát és a garam masala-t. Vegyünk bemetszéseket a combokon, és hagyjuk pácolódni ezzel a keverékkel 1 órán át.

- A többi hozzávalót a chaat masala kivételével összekeverjük.

- Keverjük össze a felaprított keveréket a csirkehússal, és hagyjuk állni 4 órán keresztül.

- Grill a csirkét 30 percig. Meglocsoljuk chaat masala-val. Szolgál.

Vajas csirke

4 adag

összetevőket

1 kg / 2¼ lb csirke, 12 darabra vágva

Só ízlés szerint

1 teáskanál sáfrány

1 citrom leve

4 evőkanál vaj

3 nagy hagyma, apróra vágva

1 teáskanál gyömbér paszta

1 teáskanál fokhagyma paszta

1 evőkanál őrölt koriander

4 nagy paradicsom, pürésítve

125 g / 4½ oz joghurt

Módszer

- Pácold be a csirkét sóval, kurkumával és citromlével egy órán keresztül.

- Egy serpenyőben felforrósítjuk a vajat. Hozzáadjuk a hagymát, és áttetszővé pároljuk.

- Adjuk hozzá a gyömbérpasztát, a fokhagymás pépet és az őrölt koriandert. Közepes lángon 5 percig sütjük.

- Adjuk hozzá a pácolt csirkét. 5 percig pirítjuk. Adjuk hozzá a paradicsompürét és a joghurtot. Fedjük le fedővel és főzzük 35 percig. Forrón tálaljuk.

csirke sukha

(száraz csirke)

4 adag

összetevőket

2 evőkanál finomított növényi olaj

4 nagy hagyma, apróra vágva

1 kg / 2¼ lb csirke, 12 darabra vágva

4 zúzott paradicsom

1 teáskanál sáfrány

2 zöldpaprika, szeletelve

8 gerezd fokhagyma apróra vágva

5 cm / 2 hüvelyk Gyömbér gyökér, reszelve

2 evőkanál garam masala

2 db csirkehúsleves kocka

Só ízlés szerint

50 g korianderlevél apróra vágva

Módszer

- Egy serpenyőben olajat hevítünk. A hagymát közepes lángon aranybarnára pároljuk. Hozzáadjuk a többi hozzávalót a korianderlevél kivételével.

- Jól összekeverjük és lassú tűzön 40 percig főzzük, időnként megkeverve.

- Díszítsük korianderlevéllel. Forrón tálaljuk.

Indiai sült csirke

4 adag

összetevőket

1 kg / 2¼ font csirke

1 evőkanál citromlé

Só ízlés szerint

2 nagy hagyma

2,5 cm / 1 hüvelyk gyömbér gyökér

4 gerezd fokhagyma

3 fűzőlyuk

3 zöld kardamom kapszula

5 cm / 2 in fahéj

4 evőkanál finomított növényi olaj

200 g / 7 uncia zsemlemorzsa

2 apróra vágott alma

4 kemény tojás, apróra vágva

Módszer

- Pácold be a csirkét citromlével és sóval 1 órán át.

- A hagymát, a gyömbért, a fokhagymát, a szegfűszeget, a kardamomot és a fahéjat annyi vízzel ledaráljuk, hogy sima masszát kapjunk.

- Egy serpenyőben olajat hevítünk. Adjuk hozzá a pasztát, és lassú tűzön pirítsuk 7 percig. Adjuk hozzá a zsemlemorzsát, az almát és a sót. 3-4 percig főzzük.

- Töltsük meg a csirkét ezzel a keverékkel, és főzzük 230 °C-on (450 °F, gázjel 8) 40 percig. Tojással díszítjük. Forrón tálaljuk.

Fűszeres Scramble

4 adag

összetevőket

3 evőkanál finomított növényi olaj

750 g / 1 lb 10 oz csirkekolbász, szeletelve

4 zöldpaprika, zsugorított

1 teáskanál chili por

2 teáskanál őrölt kömény

10 gerezd fokhagyma apróra vágva

3 paradicsom, negyedekre vágva

4 evőkanál hideg víz

½ teáskanál frissen őrölt bors

Só ízlés szerint

4 tojás, enyhén felverve

Módszer

- Egy serpenyőben olajat hevítünk. Hozzáadjuk a kolbászt, és közepes lángon barnára pirítjuk. Hozzáadjuk az összes többi hozzávalót, kivéve a tojást. Jól összekeverni. Lassú tűzön 8-10 percig főzzük.

- Óvatosan adjuk hozzá a tojásokat, és addig keverjük, amíg a tojás megszilárdul. Melegen tálaljuk.

Csirke curry kókuszreszelékkel

4 adag

összetevőket

1 kg / 2¼ lb csirke, 12 darabra vágva

Só ízlés szerint

fél citrom levét

1 nagy hagyma, szeletelve

4 evőkanál kókuszreszelék

1 teáskanál sáfrány

8 gerezd fokhagyma

2,5 cm / 1 hüvelyk gyömbér gyökér

½ teáskanál édesköménymag

1 teáskanál garam masala

1 teáskanál mák

4 evőkanál finomított növényi olaj

500 ml / 16 fl oz víz

Módszer

- A csirkét 30 percig pácoljuk sóval és citromlével.

- A hagymát és a kókuszreszeléket 5 percig megdinszteljük.

- Keverjük össze az összes többi hozzávalóval, kivéve az olajat és a vizet. Annyi vízzel ledaráljuk, hogy sima masszát kapjunk.

- Egy serpenyőben olajat hevítünk. Adjuk hozzá a masszát, és lassú tűzön pirítsuk 7-8 percig. Adjuk hozzá a csirkét és a vizet. 40 percig főzzük. Melegen tálaljuk.

Egészen egyszerűen

4 adag

összetevőket

1 kg / 2¼ lb csirke, 8 részre vágva

Só ízlés szerint

1 teáskanál chili por

½ teáskanál sáfrány

3 evőkanál finomított növényi olaj

2 nagy hagyma, apróra vágva

1 teáskanál gyömbér paszta

1 teáskanál fokhagyma paszta

4-5 egész pirospaprika, mag nélkül

4 kis paradicsom, apróra vágva

1 evőkanál garam masala

250 ml / 8 fl oz víz

Módszer

- A csirkét sóval, borssal és kurkumával pácoljuk 1 órán át.

- Egy serpenyőben olajat hevítünk. Adjuk hozzá a hagymát, és közepes lángon pirítsuk aranybarnára. Adjuk hozzá a gyömbérpasztát és a fokhagymapürét. 1 percig pirítjuk.

- Hozzáadjuk a pácolt csirkét és a többi hozzávalót. Jól összekeverni. Fedjük le fedővel és főzzük 40 percig. Melegen tálaljuk.

Déli csirke curry

4 adag

összetevőket

1 teáskanál gyömbér paszta

1 teáskanál fokhagyma paszta

2 zöldpaprika, apróra vágva

1 teáskanál citromlé

Só ízlés szerint

1 kg / 2¼ lb csirke, 10 darabra vágva

3 evőkanál finomított növényi olaj

2,5 cm / 1 fahéjban

3 zöld kardamom kapszula

3 fűzőlyuk

1 csillagánizs

2 babérlevél

3 nagy hagyma, apróra vágva

½ teáskanál chili por

½ teáskanál sáfrány

1 evőkanál őrölt koriander

250 ml / 8 fl oz kókusztej

A fűszerekhez:

½ teáskanál mustármag

8 currylevél

3 egész szárított pirospaprika

Módszer

- Keverje össze a gyömbérpasztát, a fokhagymapürét, a zöldpaprikát, a citromlevet és a sót. Hagyja a csirkét pácolódni ebben a keverékben 30 percig.

- Egy serpenyőben felforrósítjuk az olaj felét. Adjunk hozzá fahéjat, kardamomot, szegfűszeget, csillagánizst és babérlevelet. Hagyja őket buborékolni 30 másodpercig.

- Adjuk hozzá a hagymát, és közepes lángon pirítsuk aranybarnára.

- Hozzáadjuk a pácolt csirkét, a chiliport, a kurkumát és az őrölt koriandert. Jól keverjük össze és fedjük le fedővel. 20 percig lassú tűzön főzzük.

- Adjuk hozzá a kókusztejet. Jól összekeverjük, és folyamatos kevergetés mellett további 10 percig főzzük. Félretette.

- A maradék olajat egy kis serpenyőben felforrósítjuk. Adjuk hozzá a fűszerezés hozzávalóit. Hagyja őket buborékolni 30 másodpercig.

- Ezt a fűszert öntsük a csirke currybe. Jól összekeverjük és forrón tálaljuk.

Csirkepörkölt kókusztejjel

4 adag

összetevőket

2 evőkanál finomított növényi olaj

2 hagyma, egyenként 8 darabra vágva

1 teáskanál gyömbér paszta

1 teáskanál fokhagyma paszta

3 zöldpaprika hosszában vágva

2 evőkanál garam masala

8 db csirkecomb

750 ml / 1¼ liter kókusztej

200 g / 7 uncia fagyasztott zöldség

Só ízlés szerint

2 teáskanál rizsliszt 120 ml/4 fl oz vízben feloldva

Módszer

- Egy serpenyőben olajat hevítünk. Adjunk hozzá hagymát, gyömbérpasztát, fokhagymás pasztát, zöldpaprikát és garam masala-t. Folyamatos keverés mellett 5 percig pirítjuk.

- Hozzáadjuk a bagettet és a kókusztejet. Jól összekeverni. 20 percig főzzük.

- Adjuk hozzá a zöldségeket és a sót. Jól keverjük össze és forraljuk 15 percig.

- Adjuk hozzá a rizsliszt keveréket. 5-10 percig főzzük, és forrón tálaljuk.

Chandi Tikka

(Zabpehellyel letakart sült csirkedarabok)

4 adag

összetevőket

1 evőkanál citromlé

1 teáskanál gyömbér paszta

1 teáskanál fokhagyma paszta

75 g / 2½ oz cheddar sajt

200 g / 7 uncia joghurt

¾ teáskanál őrölt fehér bors

1 teáskanál fekete köménymag

Só ízlés szerint

4 csirkemell

1 felvert tojás

45 g / 1½ oz zab

Módszer

- Keverje össze az összes hozzávalót, kivéve a csirkemellet, a tojást és a zabpelyhet. Hagyja a csirkét pácolódni ebben a keverékben 3-4 órán keresztül.

- A pácolt csirkemellet mártsuk tojásba, fedjük le zabpehellyel, és grillezzük egy órát, időnként megforgatjuk. Forrón tálaljuk.

Tandoori csirke

4 adag

összetevőket

1 evőkanál citromlé

2 teáskanál gyömbérpaszta

2 teáskanál fokhagyma paszta

2 zöldpaprika, finomra reszelve

1 evőkanál korianderlevél, őrölt

1 teáskanál chili por

1 evőkanál garam masala

1 evőkanál őrölt nyers papaya

½ teáskanál narancssárga ételfesték

1½ evőkanál finomított növényi olaj

Só ízlés szerint

1 kg / 2¼ font egész csirke

Módszer

- A csirke kivételével az összes hozzávalót összekeverjük. Vágjon bevágásokat a csirkébe, és hagyja pácolódni ebben a keverékben 6-8 órán át.

- Süssük a csirkét 200°C-os sütőben (400°F, gázjelzés 6) 40 percig. Melegen tálaljuk.

Murgh Lajawab

(Csirke gazdag indiai fűszerekkel főtt)

4 adag

összetevőket

1 kg csirke, 8 darabra vágva 1 teáskanál gyömbérmassza

1 teáskanál fokhagyma paszta

4 evőkanál ghí

2 teáskanál mák, darálva

1 teáskanál dinnyemag*, talaj

6 mandula

3 zöld kardamom kapszula

¼ teáskanál őrölt szerecsendió

1 teáskanál garam masala

2 szelet alma

Só ízlés szerint

750 ml / 1¼ liter tej

6 szál sáfrány

Módszer

- Pácold be a csirkét gyömbér- és fokhagymapürével egy órán át.

- Egy serpenyőben felforrósítjuk a ghít, és közepes lángon 10 percig sütjük a pácolt csirkét.

- Adja hozzá az összes többi hozzávalót a tej és a kurkuma kivételével. Jól keverjük össze, fedjük le és főzzük 20 percig.

- Adjuk hozzá a tejet és a kurkumát, és főzzük 10 percig. Forrón tálaljuk.

Lahori csirke

(Northwest Frontier stílusú csirke)

4 adag

összetevőket

50 g / 1¾ uncia joghurt

1 teáskanál gyömbér paszta

1 teáskanál fokhagyma paszta

1 teáskanál chili por

½ teáskanál sáfrány

1 kg / 2¼ lb csirke, 12 darabra vágva

4 evőkanál finomított növényi olaj

2 nagy hagyma, apróra vágva

1 teáskanál szezámmag, darálva

1 teáskanál mák, darálva

10 db kesudió, őrölt

2 nagy zöldpaprika kimagozva és apróra vágva

500 ml / 16 fl oz kókusztej

Só ízlés szerint

Módszer

- Keverje össze a joghurtot, a gyömbérpasztát, a fokhagymapürét, a chiliport és a kurkumát. Hagyja a csirkét pácolódni ebben a keverékben 1 órán át.

- Egy serpenyőben olajat hevítünk. A hagymát lassú tűzön aranybarnára pirítjuk.

- Adjuk hozzá a pácolt csirkét. 7-8 percig sütjük. Hozzáadjuk az összes többi hozzávalót, és 30 percig főzzük, időnként megkeverve. Forrón tálaljuk.

Csirkemáj

4 adag

összetevőket

3 evőkanál finomított növényi olaj

2 nagy hagyma, apróra vágva

5 gerezd fokhagyma apróra vágva

8 csirkemáj

1 teáskanál őrölt fekete bors

1 teáskanál citromlé

Só ízlés szerint

Módszer

- Egy serpenyőben olajat hevítünk. Adjuk hozzá a hagymát és a fokhagymát. Közepes lángon 3-4 percig sütjük.

- Adja hozzá az összes többi összetevőt. 15-20 percig sütjük, időnként megkeverve. Melegen tálaljuk.

Balti csirkék

4 adag

összetevőket

4 evőkanál ghí

1 teáskanál sáfrány

1 evőkanál mustármag

1 evőkanál köménymag

8 gerezd fokhagyma apróra vágva

2,5 cm / 1 hüvelyk Gyömbér gyökér, finomra vágva

3 kisebb hagyma, apróra vágva

7 zöldpaprika

750 g / 1 font 10 uncia csirkemell, apróra vágva

1 evőkanál őrölt koriander

1 evőkanál folyékony tejszín

1 teáskanál garam masala

Só ízlés szerint

Módszer

- Melegítsük fel a ghít egy serpenyőben. Adjuk hozzá a kurkumát, a mustármagot és a köménymagot. Hagyja őket buborékolni 30 másodpercig. Hozzáadjuk a fokhagymát, a gyömbért, a hagymát és a zöldpaprikát, és közepes lángon 2-3 percig pároljuk.

- Adja hozzá az összes többi összetevőt. Lassú tűzön 30 percig főzzük, időnként megkeverve. Melegen tálaljuk.

Fűszeres csirke

4 adag

összetevőket

8 db csirkecomb

2 teáskanál zöld chili szósz

2 evőkanál finomított növényi olaj

2 nagy hagyma, apróra vágva

10 gerezd fokhagyma apróra vágva

Só ízlés szerint

Porcukor

2 teáskanál malátaecet

Módszer

- Pácold a csirkét a chili szósszal 30 percig.

- Egy serpenyőben olajat hevítünk. Adjuk hozzá a hagymát, és közepes lángon pirítsuk áttetszővé.

- Adjuk hozzá a fokhagymát, a pácolt csirkét és a sót. Jól összekeverjük, és időnként megkeverve pároljuk 30 percig.

- Adjuk hozzá a cukrot és az ecetet. Jól összekeverjük és forrón tálaljuk.

Hígított csirke

(Csirke gazdag szószban)

4 adag

összetevőket

5 evőkanál finomított növényi olaj

20 mandula, őrölt

20 db kesudió, őrölt

2 kisebb hagyma, összetörve

5 cm / 2 hüvelyk Gyömbér gyökér, reszelve

1 kg / 2¼ lb csirke, 8 részre vágva

200 g / 7 uncia joghurt

240 ml / 6 fl oz tej

1 teáskanál garam masala

½ teáskanál sáfrány

1 teáskanál chili por

Só ízlés szerint

1 csipet kurkuma, 1 evőkanál tejbe áztatva

2 evőkanál korianderlevél apróra vágva

Módszer

- Egy serpenyőben olajat hevítünk. Hozzáadjuk a mandulát, a kesudiót, a hagymát és a gyömbért. Közepes lángon 3 percig sütjük.

- Adjuk hozzá a csirkét és a joghurtot. Jól összekeverjük és közepes lángon 20 percig főzzük.

- Adjuk hozzá a tejet, a garam masala-t, a kurkumát, a chiliport és a sót. Jól összekeverni. Fedjük le fedővel, és lassú tűzön főzzük 20 percig.

- Díszítsük sáfránylevéllel és korianderrel. Forrón tálaljuk.

Sült csirkeszárny

4 adag

összetevőket

¼ teáskanál kurkuma

1 teáskanál garam masala

1 teáskanál chaat masala_*_

Só ízlés szerint

1 felvert tojás

Finomított növényi olaj sütéshez

12 csirkeszárny

Módszer

- Keverje össze a kurkumát, a garam masala-t, a chaat masala-t, a sót és a tojást, hogy sima masszát kapjon.

- Egy serpenyőben olajat hevítünk. A csirkeszárnyakat mártsuk bele a tésztába, és közepes lángon süssük aranybarnára.

- Nedvszívó papíron leszűrjük és forrón tálaljuk.

Murgh Mussalam

(töltött csirke)

6 adag

összetevőket

2 evőkanál ghí

2 nagy hagyma, lereszelve

4 db fekete kardamom kapszula, őrölt

1 teáskanál mák

50 g / 1¾ uncia kókuszreszelék

1 teáskanál alma

1 kg / 2¼ font csirke

4-5 evőkanál besan*

2-3 babérlevél

6-7 zöld kardamom kapszula

3 teáskanál fokhagyma paszta

200 g / 7 uncia joghurt

Só ízlés szerint

Módszer

- Egy serpenyőben felforrósítunk ½ evőkanál ghít. Adjuk hozzá a hagymát és pirítsuk aranybarnára.

- Hozzáadjuk a kardamomot, a mákot, a kókuszt és az almát. 3 percig pirítjuk.

- Töltsük meg a csirkét ezzel a keverékkel, és varrjuk be a nyílást. Félretette.

- A maradék ghít felmelegítjük egy serpenyőben. Adja hozzá az összes többi hozzávalót és a csirkét. 1 óra 30 percig főzzük, időnként megkeverve. Melegen tálaljuk.

Chicken Delight

4 adag

összetevőket

4 evőkanál finomított növényi olaj

5 cm / 2 hüvelyk őrölt fahéj

1 evőkanál kardamom por

8 őrölt szegfűszeg

½ teáskanál reszelt szerecsendió

2 nagy hagyma, apróra vágva

10 gerezd fokhagyma apróra vágva

2,5 cm / 1 hüvelyk Gyömbér gyökér, reszelve

Só ízlés szerint

1 kg / 2¼ lb csirke, 8 részre vágva

200 g / 7 uncia joghurt

300 g / 10 oz paradicsompüré

Módszer

- Egy serpenyőben olajat hevítünk. Adjuk hozzá a fahéjat, kardamomot, szegfűszeget, szerecsendiót, hagymát, fokhagymát és gyömbért. Közepes lángon 5 percig sütjük.

- Adjuk hozzá a sót, a csirkét, a joghurtot és a paradicsompürét. Jól összekeverjük, és állandó keverés mellett 40 percig főzzük. Forrón tálaljuk.

Sally Chicks

(Csirke krumplival)

4 adag

összetevőket

Só ízlés szerint

1 teáskanál gyömbér paszta

1 teáskanál fokhagyma paszta

1 kg / 2¼ lb csirke, apróra vágva

3 evőkanál finomított növényi olaj

2 nagy hagyma, apróra vágva

1 teáskanál cukor

4 paradicsom, pürésítve

1 teáskanál sáfrány

250 g/9 uncia sós burgonya chips

Módszer

- Keverjük össze a sót, a gyömbérpasztát és a fokhagymás pépet. Hagyja a csirkét pácolódni ebben a keverékben 1 órán át. Félretette.

- Egy serpenyőben olajat hevítünk. A hagymát lassú tűzön aranybarnára pirítjuk.

- Adjuk hozzá a pácolt csirkét és a cukrot, a paradicsompürét és a kurkumát. Fedjük le fedővel, és állandó keverés mellett 40 percig főzzük.

- A tetejére szórjuk a krumplit, és forrón tálaljuk.

Sült csirke Tikka

4 adag

összetevőket

1 kg / 2¼ font csont nélküli csirke, apróra vágva

1 liter / 1 liter tej

1 teáskanál sáfrány

8 zöld kardamom kapszula

5 fűzőlyuk

2,5 cm / 1 fahéjban

2 babérlevél

250 g/9 uncia basmati rizs

4 teáskanál édesköménymag

Só ízlés szerint

150 g / 5½ oz joghurt

Finomított növényi olaj sütéshez

Módszer

- Keverjük össze a csirkét a tejjel, a sáfránnyal, a kardamommal, a szegfűszeggel, a fahéjjal és a babérlevéllel. Egy serpenyőben lassú tűzön 50 percig főzzük. Félretette.

- A rizst őröljük meg az édesköménymaggal, sóval és annyi vízzel, hogy finom masszát kapjunk. Adjuk hozzá ezt a masszát a joghurthoz, és jól verjük fel.

- Egy serpenyőben olajat hevítünk. A csirkedarabokat mártsuk a joghurtos keverékbe, és közepes lángon süssük aranybarnára. Forrón tálaljuk.

csirkevadászat

4 adag

összetevőket

500 g / 1 font 2 uncia csirke, apróra vágva

10 gerezd fokhagyma, összetörve

5 cm / 2 hüvelyk Gyömbér gyökér, Juliana

2 zöldpaprika, apróra vágva

½ teáskanál fekete köménymag

Só ízlés szerint

Módszer

- A darált húst összekeverjük az összes hozzávalóval, és addig gyúrjuk, amíg homogén tésztát nem kapunk. Osszuk ezt a keveréket 8 egyenlő részre.

- Nyársat és 10 percig grillezzük.

- Forrón, mentás chutneyval tálaljuk

Nadan Kozhikari

(Csirke édeskömény és kókusztejjel)

4 adag

összetevőket

½ teáskanál sáfrány

2 teáskanál gyömbérpaszta

Só ízlés szerint

1 kg / 2¼ lb csirke, 8 részre vágva

1 evőkanál koriandermag

3 piros paprika

1 teáskanál édesköménymag

1 teáskanál mustármag

3 nagy hagyma

3 evőkanál finomított növényi olaj

750 ml / 1¼ liter kókusztej

250 ml / 8 fl oz víz

10 currylevél

Módszer

- Keverje össze a kurkumát, a gyömbérpasztát és a sót 1 órán keresztül. Hagyja a csirkét pácolódni ebben a keverékben 1 órán át.

- Pörkölt koriandermag, pirospaprika, édesköménymag és mustármag. A hagymával összekeverjük és simára daráljuk.

- Egy serpenyőben olajat hevítünk. Adjuk hozzá a hagymás masszát, és lassú tűzön pirítsuk 7 percig. Adjuk hozzá a pácolt csirkét, a kókusztejet és a vizet. 40 percig főzzük. Curry levelekkel díszítve tálaljuk.

anya gyermeke

4 adag

összetevőket

3 evőkanál finomított növényi olaj

5 cm / 2 in fahéj

2 zöld kardamom kapszula

4 fűzőlyuk

4 nagy hagyma, apróra vágva

2,5 cm / 1 hüvelyk Gyömbér gyökér, reszelve

8 gerezd fokhagyma apróra vágva

3 nagy paradicsom, apróra vágva

2 teáskanál őrölt koriander

1 teáskanál sáfrány

Só ízlés szerint

1 kg / 2¼ lb csirke, 12 darabra vágva

500 ml / 16 fl oz víz

Módszer

- Egy serpenyőben olajat hevítünk. Adjuk hozzá a fahéjat, a kardamomot és a szegfűszeget. Hagyja őket buborékolni 15 másodpercig.
- Adjuk hozzá a hagymát, a gyömbért és a fokhagymát. Közepes lángon 2 percig sütjük.
- Hozzáadjuk a többi hozzávalót a víz kivételével. 5 percig pirítjuk.
- Vízbe öntik. Jól összekeverjük és 40 percig főzzük. Melegen tálaljuk.

meti csirke

(Csirke görögszéna levelekkel főtt)

4 adag

összetevőket

1 teáskanál gyömbér paszta

2 teáskanál fokhagyma paszta

2 teáskanál őrölt koriander

½ teáskanál őrölt szegfűszeg

1 citrom leve

1 kg / 2¼ lb csirke, 8 részre vágva

4 teáskanál vaj

1 teáskanál száraz porított gyömbér

2 evőkanál szárított görögszéna levél

50 g korianderlevél apróra vágva

10 g finomra vágott mentalevél

Só ízlés szerint

Módszer

- Keverjük össze a gyömbérpasztát, a fokhagymapürét, az őrölt koriandert, a szegfűszeget és a fél citrom levét. Hagyja a csirkét pácolódni ebben a keverékben 2 órán át.
- Süssük 200°C-on (400°F, termosztát 6) 50 percig. Félretette.
- Egy serpenyőben felforrósítjuk a vajat. Adjuk hozzá a sült csirkét és az összes többi hozzávalót. Játssz jól. 5-6 percig főzzük, és forrón tálaljuk.

Fűszeres csirkecomb

4 adag

összetevőket

8-10 db csirkecomb, villával átszúrva

2 felvert tojás

100 g búzadara

Finomított növényi olaj sütéshez

A fűszerkeverékhez:

6 piros paprika

6 gerezd fokhagyma

2,5 cm / 1 hüvelyk gyömbér gyökér

1 evőkanál apróra vágott korianderlevél

6 fűzőlyuk

15 szem fekete bors

Só ízlés szerint

4 evőkanál malátaecet

Módszer

- Keverje össze a fűszerkeverék hozzávalóit, amíg sima paszta nem lesz. Hagyja ebben a tésztában pácolódni egy órán át a combokat.
- Egy serpenyőben olajat hevítünk. A alsócombokat a tojásba mártjuk, a búzadarába mártjuk, és közepes lángon aranybarnára sütjük. Forrón tálaljuk.

Dieter csirke curry

4 adag

összetevőket

1 teáskanál gyömbér paszta

1 teáskanál fokhagyma paszta

200 g / 7 uncia joghurt

1 teáskanál chili por

½ teáskanál sáfrány

2 apróra vágott paradicsom

1 teáskanál őrölt koriander

1 teáskanál őrölt kömény

1 teáskanál szárított görögszéna levél, összetörve

2 teáskanál garam masala

1 teáskanál mangó savanyúság

Só ízlés szerint

750 g / 1 font 10 uncia csirke, apróra vágva

Módszer

- A csirke kivételével az összes hozzávalót összekeverjük. Hagyja a csirkét pácolódni ebben a keverékben 3 órán át.
- Főzzük a keveréket egy serpenyőben vagy serpenyőben alacsony lángon 40 percig. Adjon hozzá vizet, ha szükséges. Forrón tálaljuk.

mennyei csirkék

4 adag

összetevőket

4 evőkanál finomított növényi olaj

1 kg / 2¼ lb csirke, 8 részre vágva

Só ízlés szerint

1 teáskanál bors

1 teáskanál sáfrány

6 metélőhagyma, apróra vágva

250 ml / 8 fl oz víz

A fűszerkeverékhez:

1½ teáskanál gyömbér paszta

1½ teáskanál fokhagyma paszta

3 zöldpaprika kimagozva és felszeletelve

2 zöldpaprika

½ friss kókusz, reszelve

2 apróra vágott paradicsom

Módszer

- Keverje össze a fűszerkeverék hozzávalóit, amíg sima paszta nem lesz.
- Egy serpenyőben olajat hevítünk. Adjuk hozzá a pasztát, és lassú tűzön pirítsuk 7 percig. Hozzáadjuk a többi hozzávalót a víz kivételével. 5 percig pirítjuk. Adjuk hozzá a vizet. Jól összekeverjük és 40 percig főzzük. Forrón tálaljuk.

Rizala csirke

4 adag

összetevőket

6 evőkanál finomított növényi olaj

2 nagy hagyma, hosszában vágva

1 teáskanál gyömbér paszta

1 teáskanál fokhagyma paszta

2 evőkanál mák, darálva

1 evőkanál őrölt koriander

2 nagy zöldpaprika, zsugorított

360 ml / 12 fl oz víz

1 kg / 2¼ lb csirke, 8 részre vágva

6 db zöld kardamom kapszula

5 fűzőlyuk

200 g / 7 uncia joghurt

1 teáskanál garam masala

1 citrom leve

Só ízlés szerint

Módszer

- Egy serpenyőben olajat hevítünk. Hozzáadjuk a hagymát, a gyömbérpasztát, a fokhagymapürét, a mákot és az őrölt koriandert. Lassú tűzön 2 percig pirítjuk.
- Adjuk hozzá az összes többi hozzávalót, és jól keverjük össze. Fedjük le fedővel, és időnként megkeverve főzzük 40 percig. Forrón tálaljuk.

Meglepetés csirke

4 adag

összetevőket

150 g / 5½ oz korianderlevél apróra vágva

10 gerezd fokhagyma

2,5 cm / 1 hüvelyk gyömbér gyökér

1 teáskanál garam masala

1 evőkanál tamarind paszta

2 teáskanál köménymag

1 teáskanál sáfrány

4 evőkanál vizet

Só ízlés szerint

1 kg / 2¼ lb csirke, 8 részre vágva

Finomított növényi olaj sütéshez

2 felvert tojás

Módszer

- A csirkehús, az olaj és a tojás kivételével az összes hozzávalót sima masszává őröljük. Hagyja a csirkét pácolódni ebben a tésztában 2 órán át.
- Egy serpenyőben olajat hevítünk. A csirke minden darabját mártsuk a tojásba, és közepes lángon süssük aranybarnára. Forrón tálaljuk.

sajtos csirke

4 adag

összetevőket

12 csirkecomb

4 evőkanál vaj

1 teáskanál gyömbér paszta

1 teáskanál fokhagyma paszta

2 nagy hagyma, apróra vágva

1 teáskanál garam masala

Só ízlés szerint

200 g / 7 uncia joghurt

A páchoz:

1 teáskanál gyömbér paszta

1 teáskanál fokhagyma paszta

1 evőkanál citromlé

¼ teáskanál garam masala

4 evőkanál sima tejszín

4 evőkanál reszelt cheddar sajt

Só ízlés szerint

Módszer

- Villával szurkáljuk meg a rudakat. Keverjük össze a pác összes összetevőjét. Hagyja a rudakat ebben a keverékben pácolódni 8-10 órán keresztül.
- Egy serpenyőben felforrósítjuk a vajat. Adjuk hozzá a gyömbérpasztát és a fokhagymapürét. Közepes lángon 1-2 percig sütjük. Adja hozzá az összes többi hozzávalót, kivéve a joghurtot. 5 percig pirítjuk.
- Adjuk hozzá a rudakat és a joghurtot. 40 percig főzzük. Forrón tálaljuk.

Marha Korma

(Fűszeres szószban főtt hús)

4 adag

összetevőket

4 evőkanál finomított növényi olaj

2 nagy hagyma, apróra vágva

675 g marhahús, 2,5 cm-es darabokra vágva.

360 ml / 12 fl oz víz

½ teáskanál őrölt fahéj

120 ml / 4 fl oz folyékony krém

125 g / 4½ oz joghurt

1 teáskanál garam masala

Só ízlés szerint

10 g / ¼ oz finomra vágott korianderlevél

A fűszerkeverékhez:

1½ evőkanál koriandermag

¾ teáskanál köménymag

3 zöld kardamom kapszula

4 szem fekete bors

6 fűzőlyuk

2,5 cm / 1 hüvelyk gyömbér gyökér

10 gerezd fokhagyma

15 mandula

Módszer

- A fűszerkeverék összes hozzávalóját összekeverjük, és annyi vízzel pépesítjük, hogy sima masszát kapjunk. Félretette.
- Egy serpenyőben olajat hevítünk. Adjuk hozzá a hagymát, és közepes lángon pirítsuk aranybarnára.
- Adjuk hozzá a fűszerkeveréket és a húst. 2-3 percig pirítjuk. Adjuk hozzá a vizet. Jól összekeverjük és 45 percig főzzük.
- Adjuk hozzá a fahéjport, a tejszínt, a joghurtot, a garam masala-t és a sót. 3-4 percig jól összekeverjük.
- A marhahús kormát korianderlevéllel díszítjük. Forrón tálaljuk.

Dhal Kheema

(Lencse tokmány)

4 adag

összetevőket

675 g / 1½ font bárány, őrölt

1 teáskanál gyömbér paszta

1 teáskanál fokhagyma paszta

3 nagy hagyma, apróra vágva

360 ml / 12 fl oz víz

Só ízlés szerint

600 g / 1 font 5 uncia chana dhal*_250 ml / 8 fl oz vízben 30 percig áztatva

½ teáskanál tamarind paszta

60 ml / 2 fl oz finomított növényi olaj

4 fűzőlyuk

2,5 cm / 1 fahéjban

2 zöld kardamom kapszula

4 szem fekete bors

10 g / ¼ oz finomra vágott korianderlevél

A fűszerkeverékhez:

2 teáskanál koriandermag

3 piros paprika

½ teáskanál sáfrány

¼ teáskanál köménymag

25 g / kevés 1 oz friss kókusz, reszelve

1 teáskanál mák

Módszer

- A fűszerkeverék összes hozzávalóját szárazon pirítjuk. Ezt a keveréket annyi vízzel őröljük meg, hogy sima pasztát kapjunk. Félretette.
- Keverjük össze a darált bárányt a gyömbérmasszával, a fokhagymapürével, a hagyma felével, a többi vízzel és a sóval. Egy serpenyőben, közepes lángon 40 percig főzzük.
- Adjuk hozzá a chana dhalt azzal a vízzel, amelyben áztattuk. Jól összekeverni. 10 percig főzzük.
- Adjuk hozzá a fűszerkeverék pasztát és a tamarind pasztát. Fedjük le fedővel, és időnként megkeverve főzzük 10 percig. Félretette.
- Egy serpenyőben olajat hevítünk. Hozzáadjuk a maradék hagymát, és közepes lángon aranybarnára pirítjuk.
- Adjuk hozzá a szegfűszeget, a fahéjat, a kardamomot és a borsot. Egy percig pirítjuk.
- Vegyük le a tűzről, és öntsük közvetlenül a darált keverékre. Egy percig jól keverjük össze.
- A dhal kheemát korianderlevéllel díszítjük. Forrón tálaljuk.

sertés curry

4 adag

összetevőket

500 g sertéshús, 2,5 cm-es darabokra vágva

1 evőkanál malátaecet

6 curry levél

2,5 cm / 1 fahéjban

3 fűzőlyuk

500 ml / 16 fl oz víz

Só ízlés szerint

2 nagy burgonya, kockára vágva

3 evőkanál finomított növényi olaj

1 teáskanál garam masala

A fűszerkeverékhez:

1 evőkanál koriandermag

1 teáskanál köménymag

6 szem fekete bors

½ teáskanál sáfrány

4 piros paprika

2 nagy hagyma, apróra vágva

2,5 cm / 1 hüvelyk Gyömbér gyökér, szeletelve

10 gerezd fokhagyma, szeletelve

½ teáskanál tamarind paszta

Módszer

- A fűszerkeverékhez keverjük össze az összes hozzávalót. Annyi vízzel ledaráljuk, hogy sima masszát kapjunk. Félretette.
- Keverjük össze a sertéshúst ecettel, curry levelekkel, fahéjjal, szegfűszeggel, vízzel és sóval. Főzzük ezt a keveréket egy serpenyőben közepes lángon 40 percig.
- Adjuk hozzá a burgonyát. Jól keverjük össze és forraljuk 10 percig. Félretette.
- Egy serpenyőben olajat hevítünk. Hozzáadjuk a fűszerpasztát, és közepes lángon 3-4 percig pirítjuk.
- Adjuk hozzá a sertéshús keveréket és a garam masala-t. Jól összekeverni. Fedjük le fedővel, és időnként megkeverve főzzük 10 percig.
- Forrón tálaljuk.

Shikampoole kebab

(bárány kebab)

4 adag

összetevőket

3 nagy hagyma

8 gerezd fokhagyma

2,5 cm / 1 hüvelyk gyömbér gyökér

6 szárított pirospaprika

4 evőkanál ghí plusz plusz a sütéshez

1 teáskanál sáfrány

1 teáskanál őrölt koriander

½ teáskanál őrölt kömény

10 mandula, őrölt

10 pisztácia, darált

1 teáskanál garam masala

Egy csipet fahéjpor

1 evőkanál őrölt szegfűszeg

1 evőkanál őrölt zöld kardamom

2 evőkanál kókusztej

Só ízlés szerint

1 evőkanál besan*

750 g / 1 font 10 uncia bárány, őrölt

200 g / 7 uncia görög joghurt

1 evőkanál mentalevél, apróra vágva

Módszer

- Keverjük hozzá a hagymát, a fokhagymát, a gyömbért és a borsot.
- Ezt a keveréket annyi vízzel őröljük meg, hogy sima pasztát kapjunk.
- Melegítsük fel a ghít egy serpenyőben. Hozzáadjuk ezt a tésztát, és közepes lángon 1-2 percig sütjük.
- Adjuk hozzá a kurkumát, a koriandert és a köményport. Egy percig pirítjuk.
- Adjuk hozzá az őrölt mandulát, az őrölt pisztáciát, a garam masala-t, az őrölt fahéjat, az őrölt szegfűszeget és a kardamomot. Tovább sütjük 2-3 percig.
- Adjuk hozzá a kókusztejet és a sót. Jól összekeverni. 5 percig keverjük.
- Adjuk hozzá a besant és a darált húst. Jól összekeverni. 30 percig főzzük, időnként megkeverve. Vegyük le a tűzről és hagyjuk hűlni 10 percig.
- Ha a keverék kihűlt, 8 golyóra osztjuk, és mindegyiket pogácsára forgatjuk. Félretette.

- A joghurtot jól kikeverjük a mentalevéllel. Tegyünk egy nagy kanál ebből a keverékből minden lapított szelet közepére. Zsák le, mint egy zacskót, görgessük golyóvá, és ismét lapítsuk el.
- Melegítsük fel a ghít egy serpenyőben. Hozzáadjuk a karajokat, és közepes lángon barnára pirítjuk. Forrón tálaljuk.

speciális kos

4 adag

összetevőket

5 evőkanál ghí

4 nagy hagyma, szeletelve

2 paradicsom, szeletelve

675 g bárányhús, 3,5 cm-es darabokra vágva

1 liter vizet

Só ízlés szerint

A fűszerkeverékhez:

10 gerezd fokhagyma

3 zöldpaprika

3,5 cm / 1½ hüvelyk gyömbér gyökér

4 fűzőlyuk

2,5 cm / 1 fahéjban

1 kanál mák

1 teáskanál fekete köménymag

1 teáskanál köménymag

2 zöld kardamom kapszula

2 evőkanál koriandermag

7 szem bors

5 szárított pirospaprika

1 teáskanál sáfrány

1 evőkanál chana dhal*

25 g / 1 uncia kis mentalevél

25 g / kevés 1 uncia korianderlevél

100 g / 3½ oz friss kókusz, reszelve

Módszer

- A fűszerkeverék összes hozzávalóját összekeverjük, és annyi vízzel pépesítjük, hogy sima masszát kapjunk. Félretette.
- Melegítsük fel a ghít egy serpenyőben. Adjuk hozzá a hagymát, és közepes lángon pirítsuk aranybarnára.
- Adjuk hozzá a fűszerkeverék pasztát. 3-4 percig sütjük, időnként megkeverve.
- Adjuk hozzá a paradicsomot és a bárányhúst. 8-10 percig sütjük. Adjunk hozzá vizet és sót. Jól összekeverjük, fedővel lefedjük, és időnként megkeverve 45 percig főzzük. Forrón tálaljuk.

Zöld Masala szelet

4 adag

összetevőket

750 g / 1 font 10 uncia bárányszelet

Só ízlés szerint

360 ml / 12 fl oz finomított növényi olaj

3 nagy burgonya, szeletelve

5 cm / 2 in fahéj

2 zöld kardamom kapszula

4 fűzőlyuk

3 paradicsom, apróra vágva

¼ teáskanál kurkuma

120 ml / 4 fl oz ecet

250 ml / 8 fl oz víz

A fűszerkeverékhez:

3 nagy hagyma

2,5 cm / 1 hüvelyk gyömbér gyökér

10-12 gerezd fokhagyma

¼ teáskanál köménymag

6 zöldpaprika hosszában vágva

1 teáskanál koriandermag

1 teáskanál köménymag

50 g korianderlevél, apróra vágva

Módszer

- Hagyja a bárányt sóban pácolódni egy órán keresztül.
- Keverjük össze a fűszerkeverék összes összetevőjét. Annyi vízzel ledaráljuk, hogy sima masszát kapjunk. Félretette.
- Egy serpenyőben felforrósítjuk az olaj felét. Hozzáadjuk a burgonyát, és közepes lángon aranybarnára sütjük. Drain és tartalék.
- A maradék olajat egy serpenyőben felforrósítjuk. Adjuk hozzá a fahéjat, a kardamomot és a szegfűszeget. Hagyja őket buborékolni 20 másodpercig.
- Adjuk hozzá a fűszerkeverék pasztát. Közepes lángon 3-4 percig sütjük.
- Adjuk hozzá a paradicsomot és a kurkumát. Tovább pirítjuk 1-2 percig.
- Adjuk hozzá az ecetet és a pácolt bárányt. 6-7 percig sütjük.
- Adjuk hozzá a vizet és jól keverjük össze. Fedjük le fedővel, és időnként megkeverve főzzük 45 percig.
- Adjuk hozzá a pirított burgonyát. Folyamatos kevergetés mellett 5 percig főzzük. Forrón tálaljuk.

Réteges kebab

4 adag

összetevőket

120 ml / 4 fl oz finomított növényi olaj

100 g / 3½ oz zsemlemorzsa

A fehér réteghez:

450 g / 1 font kecskesajt, lecsepegtetve

1 nagy burgonya, főtt

½ teáskanál só

½ teáskanál őrölt fekete bors

½ teáskanál chili por

fél citrom levét

50 g korianderlevél apróra vágva

A zöld réteghez:

200 g / 7 uncia spenót

2 evőkanál mung dhal*

1 nagy hagyma, apróra vágva

2,5 cm / 1 hüvelyk gyömbér gyökér

4 fűzőlyuk

¼ teáskanál kurkuma

1 teáskanál garam masala

Só ízlés szerint

250 ml / 8 fl oz víz

2 evőkanál besan*

A narancssárga réteghez:

1 felvert tojás

1 nagy hagyma, apróra vágva

1 evőkanál citromlé

¼ teáskanál narancssárga ételfesték

A húsos réteghez:

500 g / 1 font 2 uncia darált marhahús

150 g / 5½ oz Mung Dal*, 1 órán át áztatjuk

5 cm / 2 hüvelyk gyömbér gyökérből

6 gerezd fokhagyma

6 fűzőlyuk

1 evőkanál őrölt kömény

1 evőkanál chili por

10 szem fekete bors

600 ml / 1 liter víz

Módszer

- Keverjük össze és gyúrjuk össze a fehér réteg hozzávalóit egy kis sóval. Félretette.

- A zöld réteghez a besan kivételével az összes hozzávalót összekeverjük. Egy serpenyőben lassú tűzön 45 percig főzzük. A besannal összegyúrjuk és félretesszük.
- Keverjük össze a narancsos réteg hozzávalóit egy kis sóval. Félretette.
- A húsos réteghez az összes hozzávalót összekeverjük egy kis sóval, és serpenyőben közepes lángon 40 percig főzzük. Lehűtjük és pürésítjük.
- Az egyes rétegkeverékeket 8 részre osztjuk. Golyókká formázzuk, és enyhén verjük pogácsákat. Minden rétegből 1 pogácsát helyezzünk egymásra, hogy nyolc 4 rétegű hamburgert kapjunk. Óvatosan nyomkodjuk hosszúkás nyársra.
- Egy serpenyőben olajat hevítünk. A nyársakat bekenjük zsemlemorzsával, és közepes lángon aranybarnára sütjük. Forrón tálaljuk.

Barrah Field

(sült bárányszelet)

4 adag

összetevőket

1 teáskanál gyömbér paszta

1 teáskanál fokhagyma paszta

3 evőkanál malátaecet

675 g / 1½ font bárányszelet

400 g / 14 oz görög joghurt

1 teáskanál sáfrány

4 zöld chili, apróra vágva

½ teáskanál chili por

1 teáskanál őrölt koriander

1 teáskanál őrölt kömény

1 teáskanál fahéjpor

¾ teáskanál őrölt szegfűszeg

Só ízlés szerint

1 evőkanál chaat masala*

Módszer

- Keverjük össze a gyömbér- és fokhagymapürét az ecettel. Hagyja a bárányt ebben a keverékben 2 órán át pácolódni.
- Keverje össze az összes többi hozzávalót, kivéve a chaat masala. Pácold a bárányszeletet ezzel a keverékkel 4 órán keresztül.
- Szurkáld meg a szeleteket, és süsd a sütőben 200°C-on (400°F, termosztát 6) 40 percig.
- Chaat masala-val díszítjük, és forrón tálaljuk.

pácolt bárányhús

4 adag

összetevőket

10 szárított pirospaprika

10 gerezd fokhagyma

3,5 cm / 1½ hüvelyk gyömbér gyökér

Só ízlés szerint

750 ml / 1¼ liter víz

2 evőkanál joghurt

675 g bárányhús, 2,5 cm-es darabokra vágva

250 ml / 8 fl oz finomított növényi olaj

1½ teáskanál kurkuma

1 evőkanál koriandermag

10 szem fekete bors

3 fekete kardamom kapszula

4 fűzőlyuk

3 babérlevél

1 teáskanál reszelt alma

¼ teáskanál reszelt szerecsendió

1 teáskanál köménymag

½ teáskanál mustármag

100 g / 3½ oz kókuszreszelék

½ teáskanál asafoetida

1 citrom leve

Módszer

- Keverjük össze a pirospaprikát, a fokhagymát, a gyömbért és a sót. Annyi vízzel ledaráljuk, hogy sima masszát kapjunk.
- Ezt a masszát keverjük össze a joghurttal. Hagyja a húst pácolódni ebben a keverékben 1 órán át.
- Egy serpenyőben felforrósítjuk az olaj felét. Adjunk hozzá kurkumát, koriandermagot, borsot, kardamomot, szegfűszeget, babérlevelet, buzogányt, szerecsendiót, köménymagot, mustármagot és kókuszt. Közepes lángon 2-3 percig sütjük.
- A keveréket annyi vízzel őröljük, hogy sűrű masszát kapjunk.
- Adja hozzá a maradék olajat egy serpenyőbe. Adjunk hozzá asafoetidát. Hagyja oszcillálni 10 másodpercig.

- Adjuk hozzá az őrölt kurkuma és a koriandermag pasztáját. Közepes lángon 3-4 percig sütjük.
- Adjuk hozzá a pácolt bárányt és a többi vizet. Jól összekeverni. Fedjük le fedővel és főzzük 45 percig. Hagyjuk kihűlni.
- Adjuk hozzá a citromlevet és jól keverjük össze. Tárolja a bárány savanyúságot légmentesen záródó edényben.

Goan bárány curry

4 adag

összetevőket

240 ml / 6 fl oz finomított növényi olaj

4 nagy hagyma, apróra vágva

1 teáskanál sáfrány

4 paradicsom, pürésítve

675 g bárányhús, 2,5 cm-es darabokra vágva

4 nagy burgonya kockára vágva

600 ml / 1 liter kókusztej

120 ml / 4 fl oz víz

Só ízlés szerint

A fűszerkeverékhez:

4 zöld kardamom kapszula

5 cm / 2 in fahéj

6 szem fekete bors

1 teáskanál köménymag

2 fűzőlyuk

6 piros paprika

1 csillagánizs

50 g korianderlevél, apróra vágva

3 zöldpaprika

1 teáskanál gyömbér paszta

1 teáskanál fokhagyma paszta

Módszer

- A fűszerkeverék elkészítéséhez 3-4 percig pirítsuk a kardamomot, a fahéjat, a borsot, a köménymagot, a szegfűszeget, a pirospaprikát és a csillagánizst.
- Ezt a keveréket morzsoljuk össze a fűszerkeverék többi összetevőjével és annyi vízzel, hogy sima pasztát kapjunk. Félretette.
- Egy serpenyőben olajat hevítünk. Adjuk hozzá a hagymát, és közepes lángon pirítsuk áttetszővé.
- Adjuk hozzá a sáfrányt és a paradicsompürét. 2 percig pirítjuk.
- Adjuk hozzá a fűszerkeverék pasztát. Tovább sütjük 4-5 percig.
- Adjuk hozzá a bárányt és a burgonyát. 5-6 percig sütjük.
- Adjunk hozzá kókusztejet, vizet és sót. Jól összekeverni. Fedjük le fedővel, és lassú tűzön főzzük 45 percig, időnként megkeverve. Forrón tálaljuk.

Bagara hús

(Marhahús gazdag indiai szószban főtt)

4 adag

összetevőket

120 ml / 4 fl oz finomított növényi olaj

3 piros paprika

1 teáskanál köménymag

10 currylevél

2 nagy hagyma

½ teáskanál sáfrány

1 teáskanál chili por

1 teáskanál őrölt koriander

1 teáskanál tamarind paszta

1 teáskanál garam masala

500 g / 1 font 2 uncia bárány, őrölt

Só ízlés szerint

500 ml / 16 fl oz víz

A fűszerkeverékhez:

2 evőkanál szezámmag

2 evőkanál friss kókuszreszelék

2 evőkanál földimogyoró

2,5 cm / 1 hüvelyk gyömbér gyökér

8 gerezd fokhagyma

Módszer

- Keverjük össze a fűszerkeverék hozzávalóit. Ezt a keveréket annyi vízzel őröljük meg, hogy sima pasztát kapjunk. Félretette.
- Egy serpenyőben olajat hevítünk. Hozzáadjuk a pirospaprikát, a köménymagot és a curry leveleket. Hagyja őket buborékolni 15 másodpercig.
- Adjuk hozzá a hagymát és a fűszerpasztát. Közepes lángon 4-5 percig sütjük.
- Hozzáadjuk a többi hozzávalót a víz kivételével. 5-6 percig sütjük.
- Adjuk hozzá a vizet. Jól összekeverni. Fedjük le fedővel és főzzük 45 percig. Forrón tálaljuk.

Máj kókusztejben

4 adag

összetevőket

750 g / 1 font 10 uncia máj, 2,5 cm-es darabokra vágva

½ teáskanál sáfrány

Só ízlés szerint

500 ml / 16 fl oz víz

5 evőkanál finomított növényi olaj

3 nagy hagyma, apróra vágva

1 evőkanál apróra vágott gyömbér

1 evőkanál apróra vágott fokhagyma

6 zöldpaprika hosszában vágva

3 nagy burgonya, 2,5 cm-es darabokra vágva.

1 evőkanál malátaecet

500 ml / 16 fl oz kókusztej

A fűszerkeverékhez:

3 szárított pirospaprika

2,5 cm / 1 fahéjban

4 zöld kardamom kapszula

1 teáskanál köménymag

8 szem fekete bors

Módszer

- Keverje össze a májat a kurkumával, sóval és vízzel. Egy serpenyőben, közepes lángon 40 percig főzzük. Félretette.
- A fűszerkeverék összes hozzávalóját összekeverjük, és annyi vízzel pépesítjük, hogy sima masszát kapjunk. Félretette.
- Egy serpenyőben olajat hevítünk. Adjuk hozzá a hagymát, és közepes lángon pirítsuk áttetszővé.
- Adjunk hozzá gyömbért, fokhagymát és zöld chilit. 2 percig pirítjuk.
- Adjuk hozzá a fűszerkeverék pasztát. Tovább pirítjuk 1-2 percig.
- Adjuk hozzá a májkeveréket, a burgonyát, az ecetet és a kókusztejet. 2 percig jól keverjük össze. Fedjük le fedővel, és időnként megkeverve főzzük 15 percig. Forrón tálaljuk.

Bárány masala joghurttal

4 adag

összetevőket

200 g / 7 uncia joghurt

Só ízlés szerint

675 g bárányhús, 2,5 cm-es darabokra vágva

4 evőkanál finomított növényi olaj

3 nagy hagyma, apróra vágva

3 sárgarépa, kockára vágva

3 paradicsom, apróra vágva

120 ml / 4 fl oz víz

A fűszerkeverékhez:

25 g/1 uncia korianderlevél, apróra vágva

¼ teáskanál kurkuma

2,5 cm / 1 hüvelyk gyömbér gyökér

2 zöldpaprika

8 gerezd fokhagyma

4 kardamom kapszula

4 fűzőlyuk

5 cm / 2 in fahéj

3 curry levél

¾ teáskanál kurkuma

2 teáskanál őrölt koriander

1 teáskanál chili por

½ teáskanál tamarind paszta

Módszer

- Keverjük össze a fűszerkeverék összes összetevőjét. Annyi vízzel ledaráljuk, hogy sima masszát kapjunk.
- A tésztát jól összekeverjük a joghurttal és a sóval. Hagyja a bárányt pácolódni ebben a keverékben 1 órán át.
- Egy serpenyőben olajat hevítünk. Adjuk hozzá a hagymát, és közepes lángon pirítsuk áttetszővé.
- Adjuk hozzá a sárgarépát és a paradicsomot, és pirítsuk 3-4 percig.
- Adjuk hozzá a pácolt bárányhúst és a vizet. Jól összekeverni. Fedjük le fedővel, és időnként megkeverve főzzük 45 percig. Forrón tálaljuk.

Korma Khada Masala-ban

(Fűszeres bárány sűrű szószban)

4 adag

összetevőket

75 g / 2½ oz ghí

3 fekete kardamom kapszula

6 fűzőlyuk

2 babérlevél

½ teáskanál köménymag

2 nagy hagyma, szeletelve

3 szárított pirospaprika

2,5 cm / 1 hüvelyk Gyömbér gyökér, finomra vágva

20 gerezd fokhagyma

5 zöldpaprika hosszában vágva

675 g / 1½ font bárány, őrölt

½ teáskanál chili por

2 teáskanál őrölt koriander

6-8 medvehagyma, meghámozva

Konzervált borsó 200g / 7oz

750 ml / 1¼ dl víz

Egy csipet kurkuma 2 evőkanál forró vízben oldva

Só ízlés szerint

1 teáskanál citromlé

200 g / 7 uncia joghurt

1 evőkanál korianderlevél, apróra vágva

4 kemény tojás, félbevágva

Módszer

- Melegítsük fel a ghít egy serpenyőben. Hozzáadjuk a kardamomot, a szegfűszeget, a babérlevelet és a köménymagot. Hagyja őket buborékolni 30 másodpercig.
- Adjuk hozzá a hagymát, és közepes lángon pirítsuk aranybarnára.
- Adjuk hozzá a száraz pirospaprikát, a gyömbért, a fokhagymát és a zöldpaprikát. Egy percig pirítjuk.
- Adjuk hozzá a birkahúst. 5-6 percig sütjük.
- Hozzáadjuk a chiliport, az őrölt koriandert, a hagymát és a borsót. Tovább sütjük 3-4 percig.
- Adjuk hozzá a vizet, a kurkuma keveréket, a sót és a citromlevet. 2-3 percig jól összekeverjük. Fedjük le fedővel és főzzük 20 percig.
- Fedjük le a serpenyőt, és adjuk hozzá a joghurtot. Jól összekeverni. Fedjük le ismét, és folytassuk a főzést 20-25 percig, időnként megkeverve.
- Díszítsük korianderlevéllel és tojással. Forrón tálaljuk.

Bárány és vese curry

4 adag

összetevőket

5 evőkanál finomított növényi olaj plusz plusz a sütéshez

4 nagy burgonya, hosszú csíkokra vágva

3 nagy hagyma, apróra vágva

3 nagy paradicsom, apróra vágva

¼ teáskanál kurkuma

1 teáskanál chili por

2 teáskanál őrölt koriander

1 teáskanál őrölt kömény

25 kesudió, durván törve

4 vese, apróra vágva

500 g / 1 font 2 uncia bárány, 5 cm-es darabokra vágva

1 citrom leve

1 teáskanál őrölt fekete bors

Só ízlés szerint

500 ml / 16 fl oz víz

4 kemény tojás, negyedekre osztva

10 g / ¼ oz finomra vágott korianderlevél

A fűszerkeverékhez:

1½ teáskanál gyömbér paszta

1½ teáskanál fokhagyma paszta

4-5 zöldpaprika

4 kardamom kapszula

6 fűzőlyuk

1 teáskanál fekete kömény

1½ evőkanál malátaecet

Módszer

- A fűszerkeverék összes hozzávalóját összekeverjük, és annyi vízzel pépesítjük, hogy sima masszát kapjunk. Félretette.
- Egy serpenyőben felforrósítjuk a sütőolajat. Hozzáadjuk a burgonyát, és közepes lángon 3-4 percig pirítjuk. Drain és tartalék.
- Egy serpenyőben felforrósítunk 5 evőkanál olajat. Adjuk hozzá a hagymát, és közepes lángon pirítsuk áttetszővé.
- Adjuk hozzá a fűszerkeverék pasztát. Folyamatos kevergetés mellett 2-3 percig pirítjuk.
- Adjuk hozzá a paradicsomot, a kurkumát, a chiliport, a koriandert és a köményport. Tovább sütjük 2-3 percig.

- Adjuk hozzá a kesudiót, a vesét és a bárányt. 6-7 percig sütjük.
- Adjuk hozzá a citromlevet, borsot, sót és vizet. Jól összekeverni. Fedjük le fedővel, és időnként megkeverve főzzük 45 percig.
- Díszítsük tojással és korianderlevéllel. Forrón tálaljuk.

Bárány Do Pyaaza

(Bárány hagymával)

4 adag

összetevőket

120 ml / 4 fl oz finomított növényi olaj

1 teáskanál sáfrány

3 babérlevél

4 fűzőlyuk

5 cm / 2 in fahéj

6 szárított pirospaprika

4 zöld kardamom kapszula

6 nagy hagyma, 2 apróra vágva, 4 szeletelve

3 evőkanál gyömbérpaszta

3 evőkanál fokhagyma paszta

2 apróra vágott paradicsom

8 medvehagyma, félbe vágva

2 teáskanál garam masala

2 teáskanál őrölt koriander

4 teáskanál őrölt kömény

1½ teáskanál reszelt alma

½ reszelt szerecsendió

2 teáskanál őrölt fekete bors

Só ízlés szerint

675 g / 1½ font bárány, őrölt

250 ml / 8 fl oz víz

10 g / ¼ oz finomra vágott korianderlevél

2,5 cm / 1 hüvelyk Gyömbér gyökér, Juliana

Módszer

- Egy serpenyőben olajat hevítünk. Adjuk hozzá a sáfrányt, a babérlevelet, a szegfűszeget, a fahéjat, a pirospaprikát és a kardamomot. Hagyja őket buborékolni 30 másodpercig.
- Adjuk hozzá az apróra vágott hagymát. Közepes lángon pirítsuk meg őket, amíg áttetszővé nem válnak.
- Adjuk hozzá a gyömbérpasztát és a fokhagymapürét. Egy percig pirítjuk.
- Hozzáadjuk a paradicsomot, a medvehagymát, a garam masala-t, az őrölt koriandert, az őrölt köményt, a buzogányt, a szerecsendiót, a borsot és a sót. Tovább sütjük 2-3 percig.
- Adjuk hozzá a bárányhúst és az apróra vágott hagymát. Jól összekeverjük és 6-7 percig pirítjuk.
- Adjuk hozzá a vizet és keverjük egy percig. Fedjük le fedővel, és időnként megkeverve főzzük 30 percig.
- Díszítsük korianderlevéllel és gyömbérrel. Forrón tálaljuk.

Sült halpaszta

4 adag

összetevőket

1 kg / 2¼ lb hal, megtisztítva és filére vágva

½ teáskanál sáfrány

Só ízlés szerint

125 g / 4½ uncia besan*

3 evőkanál zsemlemorzsa

½ teáskanál chili por

½ teáskanál őrölt fekete bors

1 apróra vágott zöldpaprika

1 teáskanál ajwain mag

3 evőkanál apróra vágott korianderlevél

500 ml / 16 fl oz víz

Finomított növényi olaj sütéshez

Módszer

- Hagyja a halat 30 percig pácolódni a kurkumával és a sóval.

- Keverje össze a többi hozzávalót, kivéve az olajat, hogy pasztát képezzen.

- Egy serpenyőben olajat hevítünk. A pácolt halat mártsuk bele a tésztába, és közepes lángon süssük aranybarnára.

- Nedvszívó papíron leszűrjük és forrón tálaljuk.

halpaprikás

(Goan stílusú hal)

4 adag

összetevőket

3 evőkanál finomított növényi olaj

3 nagy hagyma, apróra vágva

6 zöldpaprika hosszában vágva

750 g / 1 font 10 oz tengeri sügér filé, apróra vágva

1 teáskanál őrölt kömény

1 teáskanál sáfrány

1 teáskanál gyömbér paszta

1 teáskanál fokhagyma paszta

360 ml / 12 fl oz kókusztej

2 teáskanál tamarind paszta

Só ízlés szerint

Módszer

- Egy serpenyőben olajat hevítünk. Adjuk hozzá a hagymát, és lassú tűzön pirítsuk aranybarnára.

- Adjunk hozzá zöldpaprikát, halat, köményport, kurkumát, gyömbérpasztát, fokhagymás pasztát és kókusztejet. Jól keverjük össze és forraljuk 10 percig.

- Adjunk hozzá tamarindpasztát és sót. Jól keverjük össze és forraljuk 15 percig. Forrón tálaljuk.

Garnélarák és tojás curry

4 adag

összetevőket

3 evőkanál finomított növényi olaj

2 fűzőlyuk

2,5 cm / 1 fahéjban

6 szem fekete bors

2 babérlevél

1 nagy hagyma, apróra vágva

½ teáskanál sáfrány

1 teáskanál gyömbér paszta

1 teáskanál fokhagyma paszta

1 teáskanál garam masala

12 nagy garnélarák, meghámozva és kivágva

Só ízlés szerint

200 g / 7 oz paradicsompüré

120 ml / 4 fl oz víz

4 kemény tojás, hosszában félbevágva

Módszer

- Egy serpenyőben olajat hevítünk. Adjuk hozzá a szegfűszeget, a fahéjat, a borsot és a babérlevelet. Hagyja őket buborékolni 15 másodpercig.

- Adjuk hozzá a többi hozzávalót, kivéve a paradicsompürét, a vizet és a tojást. Közepes lángon 6-7 percig főzzük. Adjuk hozzá a paradicsompürét és a vizet. 10-12 percig főzzük.

- Finoman hozzáadjuk a tojásokat. 4-5 percig főzzük. Forrón tálaljuk.

Halvakond

(Egyszerű hal curry főzve)

4 adag

összetevőket

2 evőkanál ghí

1 kisebb hagyma, apróra vágva

4 gerezd fokhagyma, finomra vágva

2,5 cm / 1 hüvelyk Gyömbér gyökér, vékonyra szeletelve

6 zöldpaprika hosszában vágva

1 teáskanál sáfrány

Só ízlés szerint

750 ml / 1¼ liter kókusztej

1 kg / 2¼ lb tengeri sügér, bőr nélkül és filézve

Módszer

- Melegítsük fel a ghít egy serpenyőben. Adjuk hozzá a hagymát, a fokhagymát, a gyömbért és a borsot. Lassú tűzön 2 percig pirítjuk. Adjuk hozzá a sáfrányt. 3-4 percig főzzük.

- Adjuk hozzá a sót, a kókusztejet és a halat. Jól összekeverjük és 15-20 percig főzzük. Forrón tálaljuk.

Garnélarák Bharta

(Klasszikus indiai szószban főtt garnélarák)

4 adag

összetevőket

100 ml / 3½ fl oz mustárolaj

1 teáskanál köménymag

1 nagy hagyma, lereszelve

1 teáskanál sáfrány

1 teáskanál garam masala

2 teáskanál gyömbérpaszta

2 teáskanál fokhagyma paszta

2 apróra vágott paradicsom

3 zöldpaprika hosszában vágva

750 g / 1 font 10 uncia garnélarák, hámozott és csont nélkül

250 ml / 8 fl oz víz

Só ízlés szerint

Módszer

- Egy serpenyőben olajat hevítünk. Adjuk hozzá a köménymagot. Hagyja őket buborékolni 15 másodpercig. Adjuk hozzá a hagymát, és közepes lángon pirítsuk aranybarnára.

- Adja hozzá az összes többi összetevőt. 15 percig főzzük és forrón tálaljuk.

Fűszeres hal és zöldség

4 adag

összetevőket

2 evőkanál mustárolaj

500 g / 1 font 2 uncia citromhéj, meghámozva és felszeletelve

¼ teáskanál mustármag

¼ teáskanál édesköménymag

¼ teáskanál görögszéna mag

¼ teáskanál köménymag

2 babérlevél

½ teáskanál sáfrány

2 szárított pirospaprika félbe vágva

1 nagy vöröshagyma, vékonyra szeletelve

200 g / 7 uncia fagyasztott zöldség

360 ml / 12 fl oz víz

Só ízlés szerint

Módszer

- Egy serpenyőben olajat hevítünk. Hozzáadjuk a halat, és közepes lángon aranybarnára sütjük. Forgatás és ismétlés. Drain és tartalék.

- Ugyanabban az olajban adjunk hozzá mustárt, édesköményt, görögszéna- és köménymagot, babérlevelet, kurkumát és pirospaprikát. 30 másodpercig sütjük.

- Adjuk hozzá a hagymát. Közepes lángon 1 percig sütjük. Hozzáadjuk a többi hozzávalót és a sült halat. 30 percig főzzük és forrón tálaljuk.

Makréla escalope

4 adag

összetevőket

4 nagy makréla, megtisztítva

Só ízlés szerint

½ teáskanál sáfrány

2 teáskanál malátaecet

250 ml / 8 fl oz víz

1 evőkanál finomított növényi olaj plusz extra sekély sütéshez

2 nagy hagyma, apróra vágva

1 teáskanál gyömbér paszta

1 teáskanál fokhagyma paszta

1 paradicsom, apróra vágva

1 teáskanál őrölt fekete bors

1 felvert tojás

10 g korianderlevél apróra vágva

3 szelet kenyér, beáztatva és préselve

60 g / 2 uncia rizsliszt

Módszer

- Forraljuk fel a makrélát egy serpenyőben sóval, kurkumával, ecettel és vízzel közepes lángon 15 percig. Csontok és cefre. Félretette.

- Egy serpenyőben felforrósítunk 1 evőkanál olajat. A hagymát lassú tűzön aranybarnára pirítjuk.

- Adjuk hozzá a gyömbérpasztát, a fokhagymapürét és a paradicsomot. 4-5 percig forraljuk.

- Sózzuk, borsozzuk és levesszük a tűzről. Keverjük össze a halpürével, a tojással, a korianderlevéllel és a kenyérrel. Gyúrunk és formázunk 8 pogácsát.

- Egy serpenyőben olajat hevítünk. A szeleteket rizslisztbe mártjuk, és közepes lángon 4-5 percig sütjük. Forgatás és ismétlés. Forrón tálaljuk.

tandoori rák

4 adag

összetevőket

2 teáskanál gyömbérpaszta

2 teáskanál fokhagyma paszta

2 teáskanál garam masala

1 evőkanál citromlé

125 g / 4½ oz görög joghurt

Só ízlés szerint

4 tiszta rák

1 evőkanál finomított növényi olaj

Módszer

- Keverje össze az összes hozzávalót a rák és az olaj kivételével. Hagyja a rákokat ebben a keverékben pácolódni 3-4 órán keresztül.
- A pácolt rákot megkenjük olajjal. 10-15 percig grillezzük. Forrón tálaljuk.

Töltött hal

4 adag

összetevőket

2 evőkanál finomított növényi olaj plusz extra sekély sütéshez

1 nagy hagyma, apróra vágva

1 nagy paradicsom, apróra vágva

1 teáskanál gyömbér paszta

1 teáskanál fokhagyma paszta

1 teáskanál őrölt koriander

1 teáskanál őrölt kömény

Só ízlés szerint

1 teáskanál sáfrány

2 evőkanál malátaecet

1 kg / 2¼ lb lazac, oldalra vágva

25 g/1 uncia zsemlemorzsa

Módszer

- Egy serpenyőben felforrósítunk 2 evőkanál olajat. Adjuk hozzá a hagymát, és lassú tűzön pirítsuk aranybarnára. Adjuk hozzá a többi hozzávalót, kivéve az ecetet, a halat és a zsemlemorzsát. 5 percig forraljuk.
- Adjuk hozzá az ecetet. 5 percig főzzük. Töltsük meg a halat a keverékkel.
- A maradék olajat egy serpenyőben felforrósítjuk. A halat zsemlemorzsába tesszük, és közepes lángon aranybarnára sütjük. Forgatás és ismétlés. Forrón tálaljuk.

Garnélarák és karfiol curry

4 adag

összetevőket

10 evőkanál finomított növényi olaj

1 nagy hagyma, apróra vágva

¾ teáskanál kurkuma

250 g hámozott és kivágott garnélarák

Karfiol virágok 200g / 7oz

Só ízlés szerint

A fűszerkeverékhez:

1 evőkanál koriandermag

1 evőkanál garam masala

5 piros paprika

2,5 cm / 1 hüvelyk gyömbér gyökér

8 gerezd fokhagyma

60g/2oz friss kókusz

Módszer

- Egy serpenyőben felforrósítjuk az olaj felét. Hozzáadjuk a fűszerkeverék hozzávalóit, és közepes lángon 5 percig pirítjuk. Addig őröljük, amíg sűrű paszta nem lesz. Félretette.
- A maradék olajat egy serpenyőben felforrósítjuk. A hagymát közepes lángon áttetszővé pároljuk. Adja hozzá az összes többi hozzávalót és a fűszerpasztát.
- 15-20 percig főzzük, időnként megkeverve. Forrón tálaljuk.

Sült kagyló

4 adag

összetevőket

500 g / 1 font 2 uncia tengeri herkentyű, megtisztítva

6 evőkanál finomított növényi olaj

2 nagy hagyma, apróra vágva

1 teáskanál sáfrány

1 teáskanál garam masala

2 teáskanál gyömbérpaszta

2 teáskanál fokhagyma paszta

10 g korianderlevél apróra vágva

6 kokum*

Só ízlés szerint

250 ml / 8 fl oz víz

Módszer

- Forraljuk a kagylókat 25 percig. Félretette.
- Egy serpenyőben olajat hevítünk. A hagymát lassú tűzön aranybarnára pirítjuk.
- Hozzáadjuk a többi hozzávalót a víz kivételével. 5-6 percig forraljuk.
- Adjuk hozzá a párolt kagylót és a vizet. Fedjük le fedővel és főzzük 10 percig. Forrón tálaljuk.

Sült garnélarák

4 adag

összetevőket

250 g hámozott garnélarák

250g / 9oz besan*

2 zöldpaprika, apróra vágva

1 teáskanál chili por

1 teáskanál sáfrány

1 teáskanál őrölt koriander

1 teáskanál őrölt kömény

½ teáskanál amchoor*

1 kis reszelt hagyma

¼ teáskanál nátrium-hidrogén-karbonát

Só ízlés szerint

Finomított növényi olaj sütéshez

Módszer

- Az olaj kivételével az összes hozzávalót annyi vízzel keverjük össze, hogy sűrű masszát kapjunk.
- Egy serpenyőben olajat hevítünk. Adjunk hozzá néhány kanál tésztát, és közepes lángon süssük aranybarnára minden oldalát.
- Ismételje meg a maradék tésztával. Forrón tálaljuk.

Makréla paradicsomszósszal

4 adag

összetevőket

1 evőkanál finomított növényi olaj

2 nagy hagyma, apróra vágva

2 apróra vágott paradicsom

1 evőkanál gyömbér paszta

1 evőkanál fokhagyma paszta

1 teáskanál chili por

½ teáskanál sáfrány

8 szárított kokum*

2 zöldpaprika, szeletelve

Só ízlés szerint

4 nagy makréla, meghámozva és filézve

120 ml / 4 fl oz víz

Módszer

- Egy serpenyőben olajat hevítünk. A hagymát közepes lángon aranybarnára pároljuk. Adja hozzá az összes többi hozzávalót, kivéve a halat és a vizet. Jól összekeverjük és 5-6 percig főzzük.
- Adjuk hozzá a halat és a vizet. Jól összekeverni. 15 percig főzzük és forrón tálaljuk.

Konju Ullaruathu

(Scampi Vörös Masalában)

4 adag

összetevőket

120 ml / 4 fl oz finomított növényi olaj

1 nagy hagyma, apróra vágva

5 cm / 2 hüvelyk Gyömbér gyökér, vékonyra szeletelve

12 gerezd fokhagyma, finomra vágva

2 evőkanál zöldpaprika, apróra vágva

8 currylevél

2 apróra vágott paradicsom

1 teáskanál sáfrány

2 teáskanál őrölt koriander

1 teáskanál őrölt édeskömény

600g / 1 lb 5oz langoustin, megtisztítva és kidolgozva

3 teáskanál chili por

Só ízlés szerint

1 teáskanál garam masala

Módszer

- Egy serpenyőben olajat hevítünk. Hozzáadjuk a hagymát, a gyömbért, a fokhagymát, a zöldpaprikát és a curryleveleket, és közepes lángon 1-2 percig pirítjuk.
- Adja hozzá az összes többi hozzávalót, kivéve a garam masala. Jól keverjük össze, és lassú tűzön főzzük 15-20 percig.
- Megszórjuk garam masala-val és forrón tálaljuk.

Curry Manga Chemeen

(garnéla curry zöld mangóval)

4 adag

összetevőket

200 g / 7 oz friss kókusz, reszelve

1 evőkanál chili por

2 nagy hagyma, apróra vágva

3 evőkanál finomított növényi olaj

2 zöldpaprika, apróra vágva

2,5 cm / 1 hüvelyk Gyömbér gyökér, vékonyra szeletelve

Só ízlés szerint

1 teáskanál sáfrány

1 kis zöld mangó, felkockázva

120 ml / 4 fl oz víz

750 g / 1 lb 10 oz tigris garnéla, hámozott és csont nélkül

1 teáskanál mustármag

10 currylevél

2 egész piros paprika

4-5 medvehagyma, szeletelve

Módszer

- Daráljuk meg a kókuszt, a chiliport és a hagyma felét. Félretette.
- Egy serpenyőben felforrósítjuk az olaj felét. A maradék hagymát a zöldpaprikával, gyömbérrel, sóval és kurkumával, lassú tűzön 3-4 percig megdinszteljük.
- Adjuk hozzá a kókuszpürét, a zöld mangót és a vizet. 8 percig főzzük.
- Adjuk hozzá a garnélarákot. 10-12 percig főzzük, majd félretesszük.
- A maradék olajat felmelegítjük. Adjuk hozzá a mustármagot, a curry leveleket, a borsot és a medvehagymát. Egy percig pirítjuk. Adjuk hozzá ezt a keveréket a garnélához, és forrón tálaljuk.

Egyszerű machchi sütés

(sült hal fűszerekkel)

4 adag

összetevőket

8 filé kemény fehér hal, például tőkehal

¾ teáskanál kurkuma

½ teáskanál chili por

1 teáskanál citromlé

250 ml / 8 fl oz finomított növényi olaj

2 evőkanál sima fehér liszt

Módszer

- Pácold be a halat a kurkumával, a chiliporral és a citromlével 1 órán át.
- Egy serpenyőben olajat hevítünk. A halat bekenjük lisztbe, és közepes lángon 3-4 percig sütjük. Fordítsa meg és süsse 2-3 percig. Forrón tálaljuk.

Macher Kalia

(hal gazdag szószban)

4 adag

összetevőket

1 teáskanál koriandermag

2 teáskanál köménymag

1 teáskanál chili por

2,5 cm / 1 hüvelyk Gyömbér gyökér, hámozott

250 ml / 8 fl oz víz

120 ml / 4 fl oz finomított növényi olaj

Pisztrángfilé 500g / 1lb 2oz, bőr nélkül

3 babérlevél

1 nagy hagyma, apróra vágva

4 gerezd fokhagyma apróra vágva

4 zöldpaprika, szeletelve

Só ízlés szerint

1 teáskanál sáfrány

2 evőkanál joghurt

Módszer

- A koriandermagot, a köménymagot, a chiliport és a gyömbért annyi vízzel őröljük meg, hogy sűrű masszát kapjunk. Félretette.
- Egy serpenyőben olajat hevítünk. Hozzáadjuk a halat, és közepes lángon 3-4 percig pirítjuk. Forgatás és ismétlés. Drain és tartalék.
- Ugyanebben az olajban adjuk hozzá a babérlevelet, a hagymát, a fokhagymát és a zöldpaprikát. 2 percig pirítjuk. Hozzáadjuk a többi hozzávalót, a sült halat és a tésztát. Jól keverjük össze és forraljuk 15 percig. Forrón tálaljuk.

Tojásban sült hal

4 adag

összetevőket

500 g / 1 font 2 uncia John Dory, bőr nélkül és filézve

1 citrom leve

Só ízlés szerint

2 tojás

1 evőkanál sima fehér liszt

½ teáskanál őrölt fekete bors

1 teáskanál chili por

250 ml / 8 fl oz finomított növényi olaj

100 g / 3½ oz zsemlemorzsa

Módszer

- A halat citromlével és sóval pácoljuk 4 órán át.
- A tojásokat felverjük a liszttel, a borssal és a chiliporral.
- Egy serpenyőben olajat hevítünk. A pácolt halat a tojásos keverékbe mártjuk, zsemlemorzsába forgatjuk, és lassú tűzön aranybarnára sütjük. Forrón tálaljuk.

Lau Chingri

(tök garnélarák)

4 adag

összetevőket

250 g hámozott garnélarák

500 g / 1 font 2 uncia sütőtök, felkockázva

2 evőkanál mustárolaj

¼ teáskanál köménymag

1 babérlevél

½ teáskanál sáfrány

1 evőkanál őrölt koriander

¼ teáskanál cukor

1 evőkanál tej

Só ízlés szerint

Módszer

- A garnélarákot és a cukkinit 15-20 percig forraljuk. Félretette.
- Egy serpenyőben olajat hevítünk. Hozzáadjuk a köménymagot és a babérlevelet. 15 másodpercig sütjük. Adjuk hozzá a sáfrányt és az őrölt koriandert. Közepes lángon 2-3 percig sütjük. Adjuk hozzá a cukrot, a tejet, a sót, a garnélarákot és a párolt sütőtököt. 10 percig főzzük. Forrón tálaljuk.

Paradicsom hal

4 adag

összetevőket

2 evőkanál sima fehér liszt

1 teáskanál őrölt fekete bors

500 g / 1 font 2 uncia citromhéj, meghámozva és felszeletelve

3 evőkanál vaj

2 babérlevél

1 kis reszelt hagyma

6 gerezd fokhagyma apróra vágva

2 teáskanál citromlé

6 evőkanál hal

150 g / 5½ oz paradicsompüré

Só ízlés szerint

Módszer

- Keverjük össze a lisztet és a borsot. Adja hozzá a halat a keverékhez.
- Egy serpenyőben felforrósítjuk a vajat. A halat közepes lángon aranybarnára sütjük. Drain és tartalék.
- Ugyanebben a vajban közepes lángon 2-3 percig pirítjuk a babérlevelet, a hagymát és a fokhagymát. Hozzáadjuk a sült halat és az összes többi hozzávalót. Jól összekeverjük és 20 percig főzzük. Forrón tálaljuk.

Chingri Machher Kalia

(dús garnélarák curry)

4 adag

összetevőket

24 db nagy garnélarák, meghámozva és kivágva

½ teáskanál sáfrány

Só ízlés szerint

250 ml / 8 fl oz víz

3 evőkanál mustárolaj

2 nagy hagyma, finomra reszelve

6 szárított pirospaprika, őrölt

2 evőkanál korianderlevél, apróra vágva

Módszer

- A garnélarákot a sáfránnyal, sóval és vízzel egy serpenyőben, közepes lángon 20-25 percig pároljuk. Félretette. Ne dobja ki a vizet.
- Egy serpenyőben olajat hevítünk. Hozzáadjuk a hagymát és a chilit, és közepes lángon 2-3 percig pirítjuk.
- Adjuk hozzá a főtt garnélarákot és a vizet. Jól összekeverjük és 20-25 percig főzzük. Díszítsük korianderlevéllel. Forrón tálaljuk.

Tikka halkebab

4 adag

összetevőket

1 evőkanál malátaecet

1 evőkanál joghurt

1 teáskanál gyömbér paszta

1 teáskanál fokhagyma paszta

2 zöldpaprika, apróra vágva

1 teáskanál garam masala

1 teáskanál őrölt kömény

1 teáskanál chili por

narancssárga festék fröccsenése

Só ízlés szerint

675 g / 1,5 font hal, bőr nélkül és filézve

Módszer

- A hal kivételével az összes hozzávalót összekeverjük. Hagyja a halat pácolódni ebben a keverékben 3 órán keresztül.
- A pácolt halat nyársra rakjuk, és 20 percig grillezzük. Forrón tálaljuk.

Aprítsd fel Chingri Machhert

(garnéla szelet)

4 adag

összetevőket

12 hámozott és kivágott garnélarák

Só ízlés szerint

500 ml / 16 fl oz víz

4 zöld chili, apróra vágva

2 evőkanál fokhagyma paszta

50 g korianderlevél apróra vágva

1 teáskanál őrölt kömény

sáfrány por

Finomított növényi olaj sütéshez

1 felvert tojás

4 evőkanál zsemlemorzsa

Módszer

- A garnélarákot sóval és vízzel egy serpenyőben, közepes lángon 20 percig főzzük. Lecsepegtetjük és a többi hozzávalóval pépesítjük, kivéve az olívaolajat, a tojást és a zsemlemorzsát.
- A masszát 8 részre osztjuk, golyókat formázunk és pogácsákat lapítunk.
- Egy serpenyőben olajat hevítünk. A szeleteket a tojásba mártjuk, zsemlemorzsába forgatjuk, és közepes lángon aranybarnára sütjük. Forrón tálaljuk.

Főtt hal

4 adag

összetevőket

500 g/1 font 2 uncia citromhal- vagy snapper filé, bőr nélkül

Só ízlés szerint

1 teáskanál őrölt fekete bors

¼ teáskanál szárított pirospaprika, finomra vágva

2 nagy zöldpaprika, apróra vágva

2 paradicsom, szeletelve

1 nagy hagyma, szeletelve

1 citrom leve

3 zöldpaprika hosszában vágva

10 gerezd fokhagyma, apróra vágva

1 evőkanál olívaolaj

Módszer

- A halfiléket tepsibe tesszük és megszórjuk sóval, borssal és chilivel.
- A többi hozzávalót rákenjük erre a keverékre.
- Fedjük le az edényt, és főzzük 200 °C-on (400 °F, termosztát 6) 15 percig. Fedjük le és süssük 10 percig. Forrón tálaljuk.

Garnélarák zöldpaprikával

4 adag

összetevőket

4 evőkanál finomított növényi olaj

2 nagy hagyma, apróra vágva

5 cm / 2 hüvelyk Gyömbér gyökér, vékonyra szeletelve

12 gerezd fokhagyma, finomra vágva

4 zöldpaprika hosszában vágva

½ teáskanál sáfrány

2 apróra vágott paradicsom

500 g / 1 font 2 uncia garnélarák, hámozott és csont nélkül

3 zöldpaprika kimagozva és felszeletelve

Só ízlés szerint

1 evőkanál apróra vágott korianderlevél

Módszer

- Egy serpenyőben olajat hevítünk. Adjuk hozzá a hagymát, a gyömbért, a fokhagymát és a zöldpaprikát. Lassú tűzön 1-2 percig pirítjuk. Hozzáadjuk a többi hozzávalót a korianderlevél kivételével. Jól összekeverjük és 15 percig pároljuk.
- Díszítsük korianderlevéllel. Forrón tálaljuk.

Macher Jhole

(Hal szószban)

4 adag

összetevőket

500 g / 1 font 2 uncia pisztráng, bőr nélkül és filézve

1 teáskanál sáfrány

Só ízlés szerint

4 evőkanál mustárolaj

3 szárított pirospaprika

1 teáskanál garam masala

1 nagy hagyma, lereszelve

2 teáskanál gyömbérpaszta

1 teáskanál őrölt mustár

1 teáskanál őrölt koriander

250 ml / 8 fl oz víz

1 evőkanál apróra vágott korianderlevél

Módszer

- Hagyja a halat 30 percig pácolódni a kurkumával és a sóval.
- Egy serpenyőben olajat hevítünk. A pácolt halat közepes lángon 2-3 percig sütjük. Forgatás és ismétlés. Félretette.
- Ugyanebben az olajban közepes lángon 1-2 percig pirítsuk a paprikát és a garam masala-t. Hozzáadjuk a többi hozzávalót a korianderlevél kivételével. Jól keverjük össze és forraljuk 10 percig. Adjuk hozzá a halat és jól keverjük össze.
- 10 percig főzzük. Megszórjuk korianderlevéllel, és forrón tálaljuk.

Macher ágyak

(Banánlevélben párolt hal)

4 adag

összetevőket

5 evőkanál mustármag

5 zöldpaprika

1 teáskanál sáfrány

1 teáskanál chili por

1 evőkanál mustárolaj

½ teáskanál édesköménymag

2 evőkanál korianderlevél, apróra vágva

½ teáskanál cukor

Só ízlés szerint

750 g / 1 font 10 uncia pisztráng, bőr nélkül és filézve

20 × 15 cm / 8 × 6 hüvelyk Banánlevél, megmosva

Módszer

- A hal és a banánlevelek kivételével az összes hozzávalót sima masszává őröljük. Hagyja a halat pácolódni ebben a tésztában 30 percig.
- Csomagolja be a halat banánlevelekbe, és párolja 20-25 percig. Óvatosan csomagolja ki és forrón tálalja.

Chingri Machher Shorsher Jhole

(garnéla és mustár curry)

4 adag

összetevőket

6 szárított pirospaprika

½ teáskanál sáfrány

3 teáskanál köménymag

1 evőkanál mustármag

12 gerezd fokhagyma

2 nagy hagyma

Só ízlés szerint

24 hámozott és kifejtett garnélarák

3 evőkanál mustárolaj

500 ml / 16 fl oz víz

Módszer

- A garnélarák, az olaj és a víz kivételével az összes hozzávalót sima masszává őröljük. Hagyja a garnélarákot ebben a tésztában 1 órán át pácolódni.
- Egy serpenyőben olajat hevítünk. Hozzáadjuk a garnélát, és közepes lángon 4-5 percig pirítjuk.
- Adjuk hozzá a vizet. Jól összekeverjük és 20 percig főzzük. Forrón tálaljuk.

Garnélarák és burgonya curry

4 adag

összetevőket

3 evőkanál finomított növényi olaj

2 nagy hagyma, apróra vágva

3 paradicsom, apróra vágva

1 teáskanál fokhagyma paszta

1 teáskanál chili por

½ teáskanál sáfrány

1 teáskanál garam masala

250 g hámozott és kivágott garnélarák

2 nagy burgonya, kockára vágva

250 ml / 8 fl oz forró víz

1 teáskanál citromlé

10 g korianderlevél apróra vágva

Só ízlés szerint

Módszer

- Egy serpenyőben olajat hevítünk. A hagymát lassú tűzön aranybarnára pirítjuk.
- Adjuk hozzá a paradicsomot, a fokhagymapürét, a chiliport, a kurkumát és a garam masala-t. 4-5 percig forraljuk. Adjuk hozzá a többi hozzávalót. Jól összekeverni.
- 20 percig főzzük és forrón tálaljuk.

puha garnélarák

(Főtt garnélarák egyszerű curryvel)

4 adag

összetevőket

3 evőkanál finomított növényi olaj

2 nagy hagyma, apróra vágva

2,5 cm / 1 hüvelyk Gyömbér gyökér, Juliana

8 gerezd fokhagyma apróra vágva

4 zöldpaprika hosszában vágva

375 g hámozott és kivágott garnélarák

3 paradicsom, apróra vágva

1 teáskanál sáfrány

½ teáskanál chili por

Só ízlés szerint

750 ml / 1¼ liter kókusztej

Módszer

- Egy serpenyőben olajat hevítünk. Hozzáadjuk a hagymát, a gyömbért, a fokhagymát és a zöldpaprikát, és közepes lángon 1-2 percig pirítjuk.
- Adjuk hozzá a garnélarákot, a paradicsomot, a kurkumát, a chiliport és a sót. 5-6 percig forraljuk. Adjuk hozzá a kókusztejet. Jól összekeverjük és 10-12 percig főzzük. Forrón tálaljuk.

Koliwada hal

(fűszeres sült hal)

4 adag

összetevőket

675 g / 1,5 font hal, bőr nélkül és filézve

Só ízlés szerint

1 teáskanál citromlé

250g / 9oz besan*

3 evőkanál lisztet

1 teáskanál sáfrány

2 teáskanál chaat masala*

1 teáskanál garam masala

2 evőkanál korianderlevél apróra vágva

1 evőkanál malátaecet

1 teáskanál chili por

4 evőkanál vizet

Finomított növényi olaj sütéshez

Módszer

- Pácold a halat sóval és citromlével 2 órán át.
- Keverje össze az összes többi összetevőt, kivéve az olajat, hogy sűrű masszát kapjon.
- Egy serpenyőben olajat hevítünk. Bőségesen kenjük be a halat tésztával, és közepes lángon süssük aranybarnára. Lecsepegtetjük és forrón tálaljuk.

Hal és burgonya tekercs

4 adag

összetevőket

675 g / 1½ font citromhéj, meghámozva és felszeletelve

Só ízlés szerint

¼ teáskanál kurkuma

1 nagy burgonya, főtt

2 teáskanál citromlé

2 evőkanál apróra vágott koriander

2 kisebb hagyma, apróra vágva

1 teáskanál garam masala

2-3 kisebb zöldpaprika

½ teáskanál chili por

Finomított növényi olaj sütéshez

2 felvert tojás

6-7 evőkanál zsemlemorzsa

Módszer

- Forraljuk a halat 15 percig.
- Lecsepegtetjük és összekeverjük a többi hozzávalóval, kivéve az olajat, a tojást és a zsemlemorzsát. Gyúrjuk össze és osszuk 8 6 cm vastag tekercsre.
- Egy serpenyőben olajat hevítünk. A tekercseket tojásba mártjuk, zsemlemorzsába forgatjuk, és közepes lángon aranybarnára sütjük. Lecsepegtetjük és forrón tálaljuk.

Masala garnélarák

4 adag

összetevőket

4 evőkanál finomított növényi olaj

3 hagyma, 1 szeletelve és 2 apróra vágva

2 teáskanál koriandermag

3 fűzőlyuk

2,5 cm / 1 fahéjban

5 szem bors

100 g / 3½ oz friss kókusz, reszelve

6 szárított pirospaprika

500 g / 1 font 2 uncia garnélarák, hámozott és csont nélkül

½ teáskanál sáfrány

250 ml / 8 fl oz víz

2 teáskanál tamarind paszta

Só ízlés szerint

Módszer

- Egy serpenyőben felforrósítunk 1 evőkanál olajat. A felszeletelt hagymát, a koriandermagot, a szegfűszeget, a fahéjat, a borsot, a kókuszt és a pirospaprikát közepes lángon 2-3 percig pároljuk. Simára daráljuk. Félretette.
- A maradék olajat egy serpenyőben felforrósítjuk. Hozzáadjuk az apróra vágott hagymát, és közepes lángon aranybarnára pirítjuk. Adjuk hozzá a garnélarákot, a sáfrányt és a vizet. Jól összekeverjük és 5 percig forraljuk.
- Adjuk hozzá az őrölt pasztát, a tamarindpasztát és a sót. 15 percig sütjük. Forrón tálaljuk.

fokhagymás hal

4 adag

összetevőket

500 g / 1 font 2 uncia kardhal, bőr nélkül és filézve

Só ízlés szerint

1 teáskanál sáfrány

1 evőkanál finomított növényi olaj

2 nagy hagyma, finomra reszelve

2 teáskanál fokhagyma paszta

½ teáskanál gyömbér paszta

1 teáskanál őrölt koriander

125 g / 4½ oz paradicsompüré

Módszer

- Pácold be a halat sóval és kurkumával 30 percig.
- Egy serpenyőben olajat hevítünk. Adjuk hozzá a hagymát, a fokhagymapürét, a gyömbért pépet és az őrölt koriandert. Közepes lángon 2 percig sütjük.
- Adjuk hozzá a paradicsompürét és a halat. 15-20 percig főzzük. Forrón tálaljuk.

burgonya rizs

4 adag

összetevőket

150 g ghí plusz plusz sütéshez

1 nagy hagyma

2,5 cm / 1 hüvelyk gyömbér gyökér

6 gerezd fokhagyma

125 g / 4½ oz joghurt, felvert

4 evőkanál tej

2 zöld kardamom kapszula

2 fűzőlyuk

1 cm / ½ fahéjban

250 g/9 oz basmati rizs, 30 percig áztatva és lecsepegtetve

Só ízlés szerint

1 liter vizet

15 kesudió, pirítva

A húsgombócokhoz:

3 nagy főtt és tört burgonya

125 g / 4½ uncia besan*

½ teáskanál chili por

½ teáskanál sáfrány

1 teáskanál garam masala por

1 nagy hagyma, lereszelve

Módszer

- Keverjük össze a torta összes hozzávalóját. A keveréket kis kekszekre osztjuk.
- A serpenyőben sütéshez ghít melegítsd fel. Hozzáadjuk a húsgombócokat, és közepes lángon aranybarnára sütjük. Drain és tartalék.
- Darálja a hagymát, a gyömbért és a fokhagymát, amíg paszta nem lesz.
- Melegítsen fel 60 g ghít egy serpenyőben. Hozzáadjuk a masszát, és közepes lángon áttetszővé sütjük.
- Adjuk hozzá a joghurtot, a tejet és a burgonyagolyókat. Főzzük a keveréket 10-12 percig. Félretette.
- A maradék ghit egy másik serpenyőben felmelegítjük. Adjuk hozzá a kardamomot, a szegfűszeget, a fahéjat, a rizst, a sót és a vizet. Fedjük le fedővel és főzzük 15-20 percig.
- A rizs-burgonya keveréket felváltva egy tepsibe helyezzük. Egy réteg rizzsel fejezzük be. Díszítsük kesudióval.
- Süssük a burgonya rizst 200 °C-os sütőben (400 °F, gázjel 6) 7-8 percig. Forrón tálaljuk.

Növényi szósz

4 adag

összetevőket

5 evőkanál finomított növényi olaj

2 fűzőlyuk

2 zöld kardamom kapszula

4 szem fekete bors

2,5 cm / 1 fahéjban

1 nagy hagyma, apróra vágva

1 teáskanál gyömbér paszta

1 teáskanál fokhagyma paszta

2 zöldpaprika, apróra vágva

1 teáskanál garam masala

150 g vegyes zöldség (bab, burgonya, sárgarépa stb.)

500 g / 1 font 2 uncia hosszú szemű rizs, 30 percig áztatva és lecsepegtetve

Só ízlés szerint

600 ml / 1 liter forró víz

Módszer

- Egy serpenyőben olajat hevítünk. Adjuk hozzá a szegfűszeget, a kardamomot, a borsot és a fahéjat. Hagyja őket buborékolni 15 másodpercig.
- Adjuk hozzá a hagymát és pároljuk közepes lángon 2-3 percig, időnként megkeverve.
- Adjunk hozzá gyömbér-, fokhagyma-, zöldpaprikát és garam masala-t. Jól összekeverni. Ezt a keveréket egy percig pirítjuk.
- Adjuk hozzá a zöldségeket és a rizst. A pulaót közepes lángon 4 percig sütjük.
- Adjunk hozzá sót és vizet. Jól összekeverni. Közepes lángon főzzük egy percig.
- Fedjük le fedővel és főzzük 10-12 percig. Forrón tálaljuk.

Kachche Gosht ki Biryani

(Biryani bárány)

4-6 adaghoz

összetevőket

1 kg bárány, 5 cm-es darabokra vágva

1 liter vizet

Só ízlés szerint

6 fűzőlyuk

5 cm / 2 in fahéj

5 zöld kardamom kapszula

4 babérlevél

6 szem fekete bors

750 g / 1 font 10 uncia basmati rizs, 30 percig áztatva és lecsepegtetve

150 g / 5½ oz ghí

Egy csipet sáfrányt 1 evőkanál tejben feloldunk

5 nagy hagyma, felszeletelve és megpirítva

A páchoz:

200 g / 7 uncia joghurt

1 teáskanál sáfrány

1 teáskanál chili por

1 teáskanál gyömbér paszta

1 teáskanál fokhagyma paszta

1 teáskanál sót

25 g/1 uncia korianderlevél, apróra vágva

25 g finomra vágott mentalevél

Módszer

- Keverje össze az összes pác hozzávalót, és pácolja ebben a keverékben a báránydarabokat 4 órán keresztül.
- Egy lábasban keverjük össze a vizet a sóval, szegfűszeggel, fahéjjal, kardamommal, babérlevéllel és borssal. Közepes lángon 5-6 percig főzzük.
- Adjuk hozzá a lecsepegtetett rizst. 5-7 percig főzzük. Engedje le a felesleges vizet, és tartsa le a rizst.
- A ghít öntsük egy nagy hőálló edénybe, és tegyük bele a pácolt húst. A rizst rétegezzük a hús tetejére.
- A felső réteget sáfrányos tejjel és egy kis ghí-vel szórjuk meg.
- Fedjük le a serpenyőt alufóliával, és fedjük le.

- 40 percig főzzük.
- Vegyük le a tűzről, és hagyjuk állni további 30 percig.
- Díszítsük a biryanit hagymával. Szobahőmérsékleten tálaljuk.

Achari Gosht ki Biryani

(Biryani báránykonzerv)

4-6 adaghoz

összetevőket

4 közepes méretű hagyma apróra vágva

400 g joghurt

2 teáskanál gyömbérpaszta

2 teáskanál fokhagyma paszta

1 kg bárány, 5 cm-es darabokra vágva

2 teáskanál köménymag

2 teáskanál görögszéna mag

1 teáskanál hagymamag

2 teáskanál mustármag

10 db zöldpaprika

6½ evőkanál ghí

50 g mentalevél, apróra vágva

100 g / 3½ oz korianderlevél, apróra vágva

2 paradicsom, negyedekre vágva

750 g / 1 font 10 uncia basmati rizs, 30 percig áztatva és lecsepegtetve

Só ízlés szerint

3 fűzőlyuk

2 babérlevél

5 cm / 2 in fahéj

4 szem fekete bors

Egy nagy csipet kurkuma 1 evőkanál tejben feloldva

Módszer

- Keverjük össze a hagymát, a joghurtot, a gyömbérpasztát és a fokhagymapürét. Hagyja a bárányhúst pácolódni ebben a keverékben 30 percig.
- Pörkölt kömény, görögszéna, hagyma és mustármag. Darálja őket durva keverékre.
- A zöldpaprikát feldaraboljuk, és megtöltjük az összetört keverékkel. Félretette.
- Egy serpenyőben felforrósítunk 6 evőkanál ghít. Adjuk hozzá a birkahúst. A bárányt közepes lángon 20 percig sütjük. Ügyeljen arra, hogy a bárányhús minden oldala egyenletesen megsüljön.
- Adjuk hozzá a töltött zöldpaprikát. Folytassa a főzést további 10 percig.
- Adjuk hozzá a mentaleveleket, a korianderleveleket és a paradicsomot. 5 percig jól keverjük össze. Félretette.
- A rizst összekeverjük sóval, szegfűszeggel, babérlevéllel, fahéjjal és borssal. Forraljuk fel a keveréket. Félretette.
- A maradék ghít öntsük egy tepsibe.
- A sült báránydarabokat ráhelyezzük a ghíra. Az előfőzött rizst egy rétegben elrendezzük a bárányon.

- Öntsük a sáfrányos tejet a rizsre.
- Fóliával zárjuk le az edényt, és fedjük le. Süssük a biryanit 200 °C-ra előmelegített sütőben 8-10 percig.
- Forrón tálaljuk.

Yakhni Pulao

(Kashmir Pulao)

4 adag

összetevőket

600 g / 1 font 5 uncia bárány, 2,5 cm-es darabokra vágva

2 babérlevél

10 szem fekete bors

Só ízlés szerint

1,7 liter / 3 liter forró víz

5 evőkanál finomított növényi olaj

4 fűzőlyuk

3 zöld kardamom kapszula

2,5 cm / 1 fahéjban

1 evőkanál fokhagyma paszta

1 evőkanál gyömbér paszta

3 nagy hagyma, apróra vágva

500 g / 1 font 2 uncia basmati rizs, 30 percig áztatva és lecsepegtetve

1 teáskanál őrölt kömény

2 teáskanál őrölt koriander

200 g / 7 uncia joghurt, felverve

1 teáskanál garam masala

60g/2oz hagyma, szeletelve és megpirítva

4-5 pirított mazsola

½ szeletelt uborka

1 szelet paradicsom

1 tojás, megfőzve és felszeletelve

1 zöldpaprika, szeletelve

Módszer

- Adjuk hozzá a bárányhúst, a babérleveleket, a borsot és a sót a vízhez. Főzzük ezt a keveréket egy serpenyőben közepes lángon 20-25 percig.
- A báránykeveréket lecsepegtetjük és félretesszük. Tartalék készlet.
- Egy serpenyőben olajat hevítünk. Adjuk hozzá a szegfűszeget, a kardamomot és a fahéjat. Hagyja őket buborékolni 15 másodpercig.
- Adjunk hozzá fokhagymát, gyömbért és hagymapürét. Közepes lángon aranybarnára sütjük.
- Adjuk hozzá a birkahús keveréket. 4-5 percig pirítjuk, rendszeres időközönként megkeverve.
- Adjuk hozzá a rizst, a köményt, a koriandert, a joghurtot, a garam masala-t és a sót. Óvatosan keverjük össze.

- Adjuk hozzá a birkahúslevet és annyi forró vizet, hogy egy centivel a rizs szintje fölé kerüljön.
- Főzzük a pulaót 10-12 percig.
- Díszítsük hagyma szeletekkel, mazsolával, uborkával, paradicsommal, tojással és zöldpaprikával. Forrón tálaljuk.

Hyderabadi Biryani

4 adag

összetevőket

1 kg bárány, 3,5 cm-es darabokra vágva.

2 teáskanál gyömbérpaszta

2 teáskanál fokhagyma paszta

Só ízlés szerint

6 evőkanál finomított növényi olaj

500 g / 1 font 2 uncia joghurt

2 liter / 3½ liter víz

2 nagy burgonya, meghámozva és negyedekre vágva

750 g / 1 font 10 uncia basmati rizs, előfőzött

1 evőkanál ghí, melegítve

A fűszerkeverékhez:

4 nagy vöröshagyma, vékonyra szeletelve

3 fűzőlyuk

2,5 cm / 1 fahéjban

3 zöld kardamom kapszula

2 babérlevél

6 szem bors

6 zöldpaprika

50 g / 1¾ uncia korianderlevél, összetörve

2 teáskanál citromlé

1 evőkanál őrölt kömény

1 teáskanál sáfrány

1 evőkanál őrölt koriander

Módszer

- Pácold be a bárányt a gyömbérpasztával, fokhagymás masszával és sóval 2 órán keresztül.
- Keverjük össze a fűszerkeverék összes összetevőjét.
- Egy serpenyőben olajat hevítünk. Adjuk hozzá a fűszerkeveréket, és pároljuk közepes lángon 5-7 percig.
- Adjuk hozzá a joghurtot, a pácolt bárányhúst és 250 ml vizet. 15-20 percig főzzük, időnként megkeverve.
- Adjuk hozzá a burgonyát, a rizst és a többi vizet. 15 percig főzzük.
- Öntsük a ghí-t a rizsre, és fedjük le szorosan.
- Addig főzzük, amíg a rizs elkészül. Forrón tálaljuk.

Rizs fűszerekkel és zöldségekkel

4 adag

összetevőket

4 evőkanál finomított növényi olaj

2 nagy hagyma, vékonyra szeletelve

1 evőkanál gyömbér paszta

1 evőkanál fokhagyma paszta

6 szem bors

2 babérlevél

3 zöld kardamom kapszula

2,5 cm / 1 fahéjban

3 fűzőlyuk

1 teáskanál sáfrány

1 evőkanál őrölt koriander

6 db őrölt pirospaprika

50g / 1¾oz friss kókusz, reszelve

200 g / 7 uncia fagyasztott zöldség

2 szelet apróra vágott ananász

10-12 kesudió

200 g / 7 uncia joghurt

Só ízlés szerint

750 g / 1 font 10 uncia basmati rizs, előfőzött

sárga körvonal

4 teáskanál ghí

1 evőkanál őrölt kömény

3 evőkanál korianderlevél, apróra vágva

Módszer

- Egy serpenyőben olajat hevítünk. Adjuk hozzá az összes hagymát, gyömbérpasztát és fokhagymás pasztát. A keveréket közepes lángon pároljuk, amíg a hagyma áttetszővé válik.
- Adjunk hozzá borsot, babérlevelet, kardamomot, fahéjat, szegfűszeget, kurkumát, őrölt koriandert, chilit és kókuszt. Jól összekeverni. 2-3 percig pároljuk, időnként megkeverve.
- Hozzáadjuk a zöldségeket, az ananászt és a kesudiót. A keveréket 4-5 percig pirítjuk.
- Adjuk hozzá a joghurtot. Egy percig jól keverjük össze.
- A rizst egy rétegben a zöldségkeverékre kenjük, a tetejét megszórjuk ételfestékkel.
- Melegítsük fel a ghít egy másik kis serpenyőben. Adjuk hozzá a köményport. Hagyja oszcillálni 15 másodpercig.
- Közvetlenül a rizsre öntjük.
- Fedjük le fedővel, és ügyeljünk arra, hogy ne jöjjön ki gőz. Lassú tűzön 10-15 percig főzzük.
- Díszítsük korianderlevéllel. Forrón tálaljuk.

Kale Moti ki Biryani

(Csak Black Gram Biryani)

4 adag

összetevőket

500 g / 1 font 2 uncia basmati rizs, 30 percig áztatva és lecsepegtetve

500 ml / 16 fl oz tej

1 teáskanál garam masala

500 ml / 16 fl oz víz

Só ízlés szerint

75 g / 2½ oz ghí

2 teáskanál gyömbérpaszta

2 teáskanál fokhagyma paszta

3 zöldpaprika hosszában vágva

6 nagy burgonya, meghámozva és negyedekre vágva

2 apróra vágott paradicsom

½ teáskanál chili por

⅓ teáskanál: kurkuma

200 g / 7 uncia joghurt

300 g / 10 oz urad bab*, főtt

1 teáskanál kurkuma, tejbe áztatva 60 ml / 2fl oz

25 g/1 uncia korianderlevél, apróra vágva

10 g finomra vágott mentalevél

2 nagy hagyma, felszeletelve és megpirítva

3 zöld kardamom kapszula

5 fűzőlyuk

2,5 cm / 1 fahéjban

1 babérlevél

Módszer

- A rizst a tejjel, a garam masalával, a vízzel és a sóval egy serpenyőben, közepes lángon 7-8 percig főzzük. Félretette.
- A ghít melegítsük fel tűzálló anyagban. Adjuk hozzá a gyömbérpasztát és a fokhagymapürét. Közepes lángon egy percig pirítjuk.
- Adjuk hozzá a zöldpaprikát és a burgonyát. A keveréket 3-4 percig pirítjuk.
- Adjuk hozzá a paradicsomot, a chiliport és a kurkumát. Jól összekeverni. Folyamatos kevergetés mellett 2-3 percig pirítjuk.
- Adjuk hozzá a joghurtot. 2-3 percig jól összekeverjük.
- Adjuk hozzá az urad babot. Lassú tűzön pároljuk 7-10 percig.
- A babra szórjuk a korianderlevelet, a mentaleveleket, a hagymát, a kardamomot, a szegfűszeget, a fahéjat és a babérlevelet.

- A főtt rizst egyenletesen elosztjuk a babkeveréken. Öntsük a sáfrányos tejet a rizsre.
- Fóliával lezárjuk és fedővel lefedjük.
- Süssük a biryanit 200 °C-os sütőben (400 °F, gázjelzés 6) 15-20 percig. Forrón tálaljuk.

Apróra vágott pulao és masoor

(Egész és apróra vágott vöröslencse rizspilaffal)

4 adag

összetevőket

6 evőkanál finomított növényi olaj

2 fűzőlyuk

2 zöld kardamom kapszula

6 szem fekete bors

2 babérlevél

2,5 cm / 1 fahéjban

1 teáskanál gyömbér paszta

1 teáskanál fokhagyma paszta

1 nagy hagyma, apróra vágva

2 zöldpaprika, apróra vágva

1 teáskanál chili por

½ teáskanál sáfrány

2 teáskanál őrölt koriander

1 teáskanál őrölt kömény

500 g / 1 font 2 uncia darált hús

150 g / 5½ oz teljes mérték*30 percig áztatjuk és lecsepegtetjük

250 g/9 uncia hosszú szemű rizs, 30 percig áztatva és lecsepegtetve

750 ml / 1¼ liter forró víz

Só ízlés szerint

10 g / ¼ oz finomra vágott korianderlevél

Módszer

- Egy serpenyőben olajat hevítünk. Hozzáadjuk a szegfűszeget, a kardamomot, a borsot, a babérlevelet, a fahéjat, a gyömbérpasztát és a fokhagymapürét. Ezt a keveréket közepes lángon 2-3 percig sütjük.
- Adjuk hozzá a hagymát. Süssük áttetszővé.
- Adjuk hozzá a zöldpaprikát. Egy percig pirítjuk.
- Adjuk hozzá a chiliport, a kurkumát, az őrölt koriandert és a köményt. 2 percig keverjük.
- Hozzáadjuk a darált húst, a masoort és a rizst. Közepes lángon, rendszeres időközönként óvatosan kevergetve 5 percig főzzük jól.
- Adjuk hozzá a forró vizet és a sót.
- Fedjük le fedővel és főzzük 15 percig.
- Díszítsd a pulaót korianderlevéllel. Forrón tálaljuk.

csirke Biryani

4 adag

összetevőket

1 kg csont nélküli, bőr nélküli csirke, 8 részre vágva

6 evőkanál finomított növényi olaj

10 kesudió

10 mazsola

500 g / 1 font 2 uncia basmati rizs, 30 percig áztatva és lecsepegtetve

3 fűzőlyuk

2 babérlevél

5 cm / 2 in fahéj

4 szem fekete bors

Só ízlés szerint

4 nagy hagyma, apróra vágva

250 ml / 8 fl oz víz

2½ evőkanál ghí

Egy nagy csipet kurkuma 1 evőkanál tejben feloldva

A páchoz:

1½ teáskanál fokhagyma paszta

1½ teáskanál gyömbér paszta

3 zöldpaprika, apróra vágva

1 teáskanál garam masala

1 teáskanál őrölt fekete bors

1 evőkanál őrölt koriander

2 teáskanál őrölt kömény

125 g / 4½ oz joghurt

Módszer

- Keverjük össze a pác összes összetevőjét. Hagyja a csirkét pácolódni ebben a keverékben 3-4 órán keresztül.
- Egy kis serpenyőben felforrósítunk 1 evőkanál olajat. Adjuk hozzá a kesudiót és a mazsolát. Közepes lángon aranybarnára sütjük. Drain és tartalék.
- A lecsepegtetett rizst a szegfűszeggel, babérlevéllel, fahéjjal, borssal és sóval felfőzzük. Félretette.
- Egy serpenyőben felforrósítunk 3 evőkanál olajat. Adjuk hozzá a csirkedarabokat, és süssük közepes lángon 20 percig, időnként megforgatva. Félretette.
- A maradék olajat egy másik serpenyőben felhevítjük. Adjuk hozzá a hagymát, és közepes lángon pirítsuk aranybarnára.
- Hozzáadjuk a sült csirkedarabokat. További 5 percig főzzük közepes lángon.
- Hozzáadjuk a vizet, és addig főzzük, amíg a csirke megpuhul. Félretette.
- Öntsön 2 evőkanál ghí-t egy tepsibe. Adjuk hozzá a csirkehús keveréket. A rizst egy rétegben elrendezzük a csirkére.

- A tetejére öntjük a sáfrányos tejet és hozzáadjuk a maradék ghit.
- Fóliával zárjuk le és fedővel szorosan lefedjük.
- Süssük 200°C-on (400°F, termosztát 6) 8-10 percig.
- Sült kesudióval és mazsolával díszítjük. Forrón tálaljuk.

Garnélarák rizottó

6 adag

összetevőket

600 g / 1 font 5 uncia nagy, tiszta, bordázott garnélarák

Só ízlés szerint

1 teáskanál sáfrány

250 ml / 8 fl oz finomított növényi olaj

4 nagy hagyma, szeletelve

4 zúzott paradicsom

2-3 burgonya megtisztítva és kockákra vágva

50 g korianderlevél, apróra vágva

25 g finomra vágott mentalevél

200 g / 7 uncia joghurt

2 zöldpaprika, apróra vágva

450 g párolt basmati rizs (lásd Itt)

A fűszerkeverékhez:

4 fűzőlyuk

2,5 cm / 1 fahéjban

3 zöld kardamom kapszula

4 szem fekete bors

2-3 zöldpaprika

¼ friss kókusz, reszelve

4 piros paprika

12 gerezd fokhagyma

1 teáskanál kömény

1 teáskanál koriander

Módszer

- A fűszerkeverékhez való összes hozzávalót durvára morzsoljuk. Félretette.
- Keverjük össze a garnélarákot a sóval és a kurkumával. Félretette.
- Egy serpenyőben felforrósítunk 2 evőkanál olajat. Adjuk hozzá a hagymát, és közepes lángon pirítsuk aranybarnára. Félretette.
- A maradék olajat egy serpenyőben felforrósítjuk. Adjuk hozzá a pirított hagyma felét az őrölt fűszerkeverékkel. Jól összekeverjük és közepes lángon egy percig pirítjuk.
- Adjuk hozzá a paradicsomot, a burgonyát, a sót és a garnélarákot. Főzzük a keveréket 5 percig.
- Hozzáadjuk a koriandert, a mentaleveleket, a joghurtot és a zöldpaprikát. Jól összekeverni. Főzzük 10 percig, gyakori időközönként óvatosan megkeverve. Félretette.
- Egy nagy serpenyőben a rizs-garnéla keveréket felváltva rétegezzük el. Egy réteg rizzsel fejezzük be.

- Megszórjuk a maradék hagymával, fedővel lefedjük és 30 percig főzzük. Forrón tálaljuk.

Burgonya tojás Biryani

4-5 adaghoz

összetevőket

5 evőkanál finomított növényi olaj

3 fűzőlyuk

2,5 cm / 1 fahéjban

3 zöld kardamom kapszula

2 babérlevél

6 szem bors

3 nagy hagyma, apróra vágva

3 nagy paradicsom, apróra vágva

Só ízlés szerint

¼ teáskanál kurkuma

200 g / 7 uncia joghurt

3 nagy burgonya meghámozva, negyedekre vágva és kisütve

6 kemény tojás, hosszában félbevágva

300 g / 10 oz párolt basmati rizs

2 evőkanál ghí

1 evőkanál köménymag

sárga körvonal

A fájlhoz:

1 evőkanál fehér szezámmag

4-5 pirospaprika

8 gerezd fokhagyma

5 cm / 2 hüvelyk gyömbér gyökérből

2-3 zöldpaprika

50 g/1 uncia korianderlevél

1 evőkanál koriandermag

Módszer

- A tészta hozzávalóit annyi vízzel összekeverjük, hogy sűrű tésztát kapjunk. Félretette.
- Egy serpenyőben olajat hevítünk. Adjuk hozzá az összes szegfűszeget, fahéjat, kardamomot, babérlevelet és borsot. Hagyja őket buborékolni 30 másodpercig.
- Adjuk hozzá a hagymát. Közepes lángon pirítsuk meg őket, amíg áttetszővé nem válnak.
- Adjuk hozzá a paradicsompürét, a sót és a kurkumát. 2-3 percig pároljuk, időnként megkeverve.
- Adjuk hozzá a joghurtot. A keveréket közepes lángon, folyamatos keverés mellett főzzük.
- Adjuk hozzá a burgonyát. Jól keverjük össze, hogy mártással bevonjuk őket.
- Óvatosan beleforgatjuk a tojásdarabokat, a sárgájával felfelé.
- A rizst megkenjük a tojásdarabokkal. Hagyja félre az elrendezést.

- Melegítsük fel a ghít egy kis serpenyőben. Adjuk hozzá a köménymagot. Hagyja őket buborékolni 15 másodpercig.
- Öntse ezt a keveréket közvetlenül a rizs elrendezés tetejére.
- Szórjuk meg ételfestékkel, és fedjük le a serpenyőt.
- 30 percig főzzük. Forrón tálaljuk.

Vágja fel a Pulaót

(bárány szelet rizzsel pilaffal)

4 adag

összetevőket

5 evőkanál finomított növényi olaj

2 fűzőlyuk

2 zöld kardamom kapszula

6 szem fekete bors

2 babérlevél

2,5 cm / 1 fahéjban

1 nagy hagyma, apróra vágva

1 teáskanál gyömbér paszta

1 teáskanál fokhagyma paszta

2 zöldpaprika, apróra vágva

2 teáskanál őrölt koriander

1 teáskanál chili por

½ teáskanál sáfrány

1 teáskanál őrölt kömény

500 g / 1 font 2 uncia darált hús

350 g hosszú szemű rizs, 30 percre vízbe áztatva és lecsepegtetve

750 ml / 1¼ oz forró víz

Só ízlés szerint

10 g / ¼ oz finomra vágott korianderlevél

Módszer

- Egy serpenyőben olajat hevítünk. Adjuk hozzá a szegfűszeget, a kardamomot, a borsot, a babérlevelet és a fahéjat. Hagyja őket buborékolni 15 másodpercig.
- Adjuk hozzá a hagymát. Közepes lángon áttetszővé sütjük.
- Adjunk hozzá gyömbérpasztát, fokhagymás pasztát, zöld chilit, korianderport, chiliport, kurkumát és köményport.
- 2 percig pirítjuk. Adjuk hozzá a darált húst és a rizst. Ezt a keveréket 5 percig sütjük.
- Adjuk hozzá a forró vizet és a sót.
- Fedjük le fedővel és főzzük 15 percig.
- Díszítsd a pulaót korianderlevéllel. Forrón tálaljuk.

Chana Pulao

(Csicseriborsó rizs pilaffal)

4 adag

összetevőket

2 evőkanál finomított növényi olaj

1 teáskanál köménymag

1 nagy hagyma, apróra vágva

1 teáskanál gyömbér paszta

1 teáskanál fokhagyma paszta

2 zöldpaprika, apróra vágva

300 g / 10 oz konzerv csicseriborsó

300 g hosszú szemű rizs, 30 percig áztatva és lecsöpögtetve

Só ízlés szerint

250 ml / 8 fl oz víz

Módszer

- Egy serpenyőben olajat hevítünk. Adjuk hozzá a köménymagot. Hagyja őket buborékolni 15 másodpercig.

- Adjuk hozzá a hagymát, a gyömbért, a fokhagymát és a zöldpaprikát. Ezt a keveréket közepes lángon 2-3 percig sütjük.
- Adjuk hozzá a csicseriborsót és a rizst. 4-5 percig pirítjuk.
- Adjunk hozzá sót és vizet. A pulaót közepes lángon főzzük egy percig.
- Fedjük le fedővel és főzzük 10-12 percig.
- Forrón tálaljuk.

Egyszerű Khichdi

(rizs és lencse keveréke)

4 adag

összetevőket

1 evőkanál ghí

1 teáskanál köménymag

2 zöldpaprika, hosszában vágva

250 g / 9 uncia hosszú szemű rizs

150 g / 5½ oz Mung Dal*

1 liter / 1¾ liter forró víz

Só ízlés szerint

Módszer

- Melegítsük fel a ghít egy serpenyőben. Hozzáadjuk a köménymagot és a zöldpaprikát. Hagyja őket buborékolni 15 másodpercig.
- Adjuk hozzá a rizst és a mung dhalt. 5 percig pirítjuk.
- Adjuk hozzá a forró vizet és a sót. Jól összekeverni. Fedjük le fedéllel. Főzzük a khichdit 15 percig - zabkása állagúnak kell lennie.
- Forrón tálaljuk.

Masala rizs

(fűszeres rizs)

4 adag

összetevőket

6 evőkanál finomított növényi olaj

½ teáskanál mustármag

10 currylevél

2 zöldpaprika, hosszában vágva

¼ teáskanál kurkuma

2 nagy hagyma, apróra vágva

½ teáskanál chili por

2 teáskanál citromlé

Só ízlés szerint

300 g / 10 oz párolt hosszú szemű rizs

1 evőkanál apróra vágott korianderlevél

Módszer

- Egy serpenyőben olajat hevítünk. Adjuk hozzá a mustármagot, a curry leveleket és a zöld chilipaprikát. Hagyja őket buborékolni 15 másodpercig. Adjuk hozzá a sáfrányt és a hagymát. Közepes lángon pároljuk a keveréket, amíg a hagyma aranybarna nem lesz.
- Hozzáadjuk a többi hozzávalót a koriander kivételével. Óvatosan keverjük alacsony lángon 5 percig. Díszítsük korianderlevéllel. Forrón tálaljuk.

rizs hagymával

4 adag

összetevőket

5 evőkanál finomított növényi olaj

½ teáskanál mustármag

½ teáskanál kömény

4 közepes hagyma, vékonyra szeletelve

3 zöldpaprika, apróra vágva

5 gerezd fokhagyma apróra vágva

300 g / 10 oz párolt basmati rizs

Só ízlés szerint

60 ml / 2 fl oz víz

10 g korianderlevél apróra vágva

Módszer

- Egy serpenyőben olajat hevítünk. Hozzáadjuk a mustármagot és a köményt. Hagyja őket buborékolni 15 másodpercig.
- Adjuk hozzá a hagymát, a zöldpaprikát és a fokhagymát. Ezt a keveréket közepes lángon pároljuk, amíg a hagyma áttetszővé nem válik.

- Adjuk hozzá a rizst, a sót és a vizet. Közepes lángon 5-7 percig főzzük.
- Díszítsük a hagymás rizst korianderlevéllel. Forrón tálaljuk.

főtt rizs

4 adag

összetevőket

375 g / 13 uncia hosszú szemű vagy basmati rizs

750 ml / 1¼ liter víz

Módszer

- A rizst jól megmossuk.
- Egy serpenyőben vizet melegítünk. Adjuk hozzá a rizst és főzzük nagy lángon 8-10 percig.
- Finoman nyomjon egy rizsszemet a hüvelyk- és mutatóujja közé, hogy ellenőrizze, megfőtt-e.
- Levesszük a tűzről, és szűrőedényben leszűrjük. Forrón tálaljuk.

Pulao garnélarák

(Főtt garnélarák rizs pilaffal)

4 adag

összetevőket

250 g hámozott és kivágott garnélarák

Só ízlés szerint

1 teáskanál sáfrány

8 evőkanál finomított növényi olaj

1 nagy hagyma, apróra vágva

2 apróra vágott paradicsom

1 teáskanál gyömbér paszta

2 teáskanál fokhagyma paszta

2 zöldpaprika, apróra vágva

2 teáskanál őrölt koriander

1 teáskanál őrölt kömény

½ teáskanál chili por

500 g / 1 font 2 uncia hosszú szemű rizs, 30 percig áztatva és lecsepegtetve

1 liter / 1¾ liter forró víz

25 g/1 uncia korianderlevél, apróra vágva

Módszer

- Pácold be a garnélarákot sóval és sáfránnyal. Foglaljon 20 percet.
- Egy serpenyőben olajat hevítünk. A hagymát közepes lángon áttetszővé pároljuk.
- Adjuk hozzá a paradicsomot, a gyömbérpasztát, a fokhagymapürét, a zöldpaprikát, az őrölt koriandert, a köményport és a chiliport. Ezt a keveréket 2-3 percig sütjük.
- Hozzáadjuk a garnélát, és 4-5 percig jól megpirítjuk.
- Adjuk hozzá a rizst, és pirítsuk tovább a pulaót 5 percig.
- Adjunk hozzá vizet és sót. Fedjük le fedővel és főzzük 15 percig.
- Díszítsd a pulaót korianderlevéllel. Forrón tálaljuk.

www.ingramcontent.com/pod-product-compliance
Lightning Source LLC
Chambersburg PA
CBHW070402120526
44590CB00014B/1228